中国社会科学院大学专项资助成果

满语文系列教材

朝克 主编

满文文献选读

江桥 编著

中国社会科学出版社

图书在版编目（CIP）数据

满文文献选读 / 江桥编著. -- 北京：中国社会科
学出版社，2025. 1. -- （满语文系列教材）. -- ISBN
978-7-5227-4474-2

Ⅰ．K282.1

中国国家版本馆 CIP 数据核字第 2024P7R670 号

出 版 人	赵剑英	
责任编辑	涂世斌	
责任校对	韩天炜	
责任印制	李寡寡	

出　　版	中国社会科学出版社	
社　　址	北京鼓楼西大街甲 158 号	
邮　　编	100720	
网　　址	http://www.csspw.cn	
发 行 部	010-84083685	
门 市 部	010-84029450	
经　　销	新华书店及其他书店	

印　　刷	北京明恒达印务有限公司	
装　　订	廊坊市广阳区广增装订厂	
版　　次	2025 年 1 月第 1 版	
印　　次	2025 年 1 月第 1 次印刷	

开　　本	710×1000　1/16	
印　　张	12	
字　　数	181 千字	
定　　价	49.00 元	

凡购买中国社会科学出版社图书,如有质量问题请与本社营销中心联系调换
电话:010-84083683

前　言

　　满文文献卷帙浩繁，档案、图书、金石碑刻形式多样。仅中国第一历史档案馆所藏清代满文档案即以百万计。中国许多省份（主要是东三省及其下属地市、内蒙古自治区、西藏自治区、新疆维吾尔自治区等）的档案馆、图书馆、博物馆均有藏品。中国"台北故宫博物院""台湾中央研究院"等处也存有大量自大陆带去的满文文献。不仅如此，自 17、18 世纪之后，大量的满文文献流至世界上许多国家，俄罗斯、日本、英国、法国、德国、梵蒂冈等国家均有珍稀藏品。在中国，各地藏有满文文献的档案馆、图书馆、博物馆都做了大量的整理和研究工作。日本、美国以及欧洲各国等亦有相关出版物。

一　档案类

　　在所有满文文献中，满文档案无论从数量上还是从内容的丰富与重要程度上均占有重要位置。仅从时间跨度看，自明朝末年出现的《无圈点档》① 到民国初年的海拉尔地方档案，逾 300 余年。其内容所涉及的范围也相当广泛。以中国第一历史档案馆馆藏为例，馆内依形成的状态分为内阁、军机处、宫中、内务府、宗人府、国史馆、八旗都

---

　　① 　现存《无圈点档》的记载始自明万历三十五年（1607），前残，说明其产生的时间早于17 世纪初。

统衙门、理藩院、钦天监、溥仪档案十余全宗。

（一）内阁全宗满文档案

内阁全宗满文档案历史最久，文种繁杂，内容丰富，包括制诏诰敕、题奏表笺、折奏本章以及各种专档。其中天命、天聪、崇德、顺治、康熙、雍正几朝的档案，因同期汉文档为数不多而钧国要务又多以满文记录之故，备受学界重视。其中现存最早者当属上文提到的《无圈点档》。

《无圈点档》（tonggi fuka akū hergen i dangse），今人有"满文老档""旧满洲档""老满文原档"等多种称谓，是现存最早的满文档案，原本残缺，现存部分记录了自明万历三十五年（1607，后金天命元年前十年）到明崇祯九年（1636，清崇德元年）这一初创时期的重要历史，内容涉及女真各部从分散到统一又到建立后金政权，而后改后金为清，改女真为满洲，统一东北，进军关内的全过程，既反映政治、经济、军事状况，又涉及民族、外交、宫廷生活、社会风俗、天文地理等诸多方面内容，研究价值甚高。初期写在用过的明朝公文纸上，后抄成正本装订成册。此系原档，凡40册，留存宫中，1949年被带至台湾，现存台北"故宫博物院"。由于原档是用无圈点老满文书写，乾隆皇帝唯恐后代不易辨认，故组班重修抄本，以流传后世。抄本又有正本和草本之别，分存清宫内阁大库和盛京崇谟阁，今存中国第一历史档案馆和辽宁省档案馆。该档为稀有珍品，备受世人瞩目。

《内国史院档》是清初内三院之一的内国史院[①]为记录清代国史形成的档案，以编年体的形式按月装订成册，起自明天启七年（1627，后金天聪元年），止至清顺治十八年（1661）。从时间上看，它是《无圈点档》的补充和继续，记载了皇太极和顺治朝多尔衮时期的政治、军事、经济、文化状况以及与蒙古族、朝鲜族等周边民族的关系。中国第一历史档案馆现藏清入关前国史院满文档案47册，其中天聪朝

---

① 后金天聪三年（1629，即明崇祯二年）四月，设文馆于盛京（今沈阳市），天聪十年（1636，即明崇祯九年）三月，改文馆为内三院，即内国史院、内秘书院、内弘文院。

18 册，崇德朝 29 册，各册长短不齐，厚薄各异，宽窄亦不尽相同，书写纸张为无格宣纸，文字为新旧交替的过渡阶段满文。该馆另藏有顺治朝内国史院满文档案 74 册，形制基本相同，文字以新满文为主。上述两项档案已由该馆整理，译成汉文，出版发行。

"题本"是清代官员向朝廷报告日常公务的文书。早期满文题本史料价值较高，大量的满汉合璧题本对满语文以及围绕其开展的多学科研究的意义无法限量。《密本档》、六科史书等重要文本均是题本的摘抄本。

《密本档》是清初内三院之一的内秘书院依据清代文书的保密制度抄录密本而成的档册。密本作为题奏本章的一种，格式与题本无殊，专用于上报机密事宜。顺治初实行机密与参劾本章的"实封进奏"制度，即将秘本密封后，不经通政使司，直接送往乾清门呈上，经朝廷批阅后，密封存档。在明代，这种密本是不允许传抄的。清代没有明文规定，只是在处理具体文移过程中，为了存档方便而由内秘书院抄成副本存档，而密本原件今已无存。《密本档》主要反映了顺治、康熙时期的战况，如与李自成、张献忠及其余部的战争，在东南沿海与郑成功作战的情况等；也有反映对明朝降将及李自成部下所实行的留斩政策的文件，记注各级将官平定中原战功的文件，还有调兵、驻防、官员升迁、参处以及安抚民众、赈济、征免赋税、清查土地、治理黄河、修缮陵寺等文件。

"史书"亦为清代内阁满文档案之重要一种。它是将题本分六科摘抄而成，故亦称六科史书。顺治一朝和康熙元年的史书均以满文抄写，自康熙二年（1663）改为满汉合璧。由于现存清代早期题本为数甚少，六科史书恰可补其不足，显得弥足珍贵。

此外，如满文《实录》《圣训》《玉牒》以及按专题抄录的档册，均为研究各项历史专题的珍贵史料。例如，蒙古房保存了满文俄罗斯档。蒙古房的职掌是专门翻译蒙古族、回族、藏族等中国少数民族文字和外国文字的文书。凡遇有与外国往来行文之事，均由蒙古房传俄罗斯馆或西洋馆人翻译，译文上报朝廷批阅，事毕，仍交蒙古房将译文及办理情况记录在案。现已发现的 17 册满文俄罗斯档，详细记录了从顺治十二年（1655）到雍正十二年（1734）沙俄侵略扩张、吞噬中国领土，中俄双方交涉谈判、勘定边界、签订《尼布楚条约》和《恰克图条约》的情况，并有俄方派商旅来华贸易、传教士来华修建教堂传教、清朝派图理琛出使土尔扈特部及沿途与俄方接触的情况，还有中俄双方外交来往的情况，等等。

（二）军机处全宗满文档案

军机处原是雍正初年为西北用兵而设，后来成为由朝廷直接控制，为特权者服务的得力工具。军机处设立后，内阁权力大为削弱，文书制度也发生很大变化。凡处理机要之文书，均以"奏折"之形式直接由军机处向朝廷进呈，奉朱批后，又由军机处密封下发。朝廷的谕令，也由军机处直接寄送。而内阁的题本，便成为办理例行公事的文书。因此，雍正八年（1730）以后有关军国要务之档案，大都在军机处全宗。满文档案也不例外，军机处满文档案数量大，文种整齐，内容重要，保存完好，这可能与清政府很重视这部分档案有关系。清制规定，军机处每十年将损坏的档案进行一次修复或重抄。抄件与原件一起留存。军机处满文档案主要有录副奏折、月折档，上谕档，议覆档及各种专题档案。

"满文录副奏折"，又称"满文月折"，是臣工奏折的抄本，每半月为一包存档，按年月排列。这部分档案起止时间为雍正八年（1730）至宣统三年（1912）。乾隆二十九年（1764）前分军务项和寻常项。军务项多是反映对西北用兵情况。满文月折档内容除了反映清代平定准噶尔、大小和卓、大小金川、土尔扈特部回归祖国等重大历史事件，还有不少是反映中国东北、蒙古、新疆、西藏等边疆地区的民族、驻防、屯垦、工程、雨雪、粮价及地方官员的升迁情况。

军机处为了查档方便和供办事人员参考，还就各种事件汇抄了许多专题档，其中比较重要的有西藏档、北路军务档、班禅事件档、哈萨克档、新疆档、伊犁档、回子伯克档、金川档、木兰档、夷使档（有关外国使臣来华的档案）、盛京档、廓尔喀档，等等。

（三）宫中全宗满文档案

"宫中"是一个全宗名称，并非清廷之专设机构，因后人整理原存宫内各处档案时，认为"系统虽异，地点均在内廷"，故命名为"宫中各处档案"。

宫中满文档案数量不多，文种也少，其中最珍贵者，当属满文朱批奏折，即朝廷批阅过的奏折，也就是前文介绍过的满文录副奏折和月折档之原本。奏折是清代官员向朝廷奏报文书的一种，最早起源于康熙初年，经过朝廷在奏折后批示过的奏折称为朱批奏折，简称朱折。朱批奏折价值珍贵，史料丰富重要，几乎包括各个方面内容，举凡军国大事，皆有充分反映。满文奏折作者多为满族朝廷大臣，主要是驻各地将军、都统、内务府大臣、领侍卫内大臣、皇子等，内容多为边疆各项事务、军务和皇族事务。

（四）皇家事务档案——内务府全宗和宗人府全宗满文档案

内务府乃管理宫廷事务之机构，专为朝廷和特权阶级生活服务，故地位甚高，虽不属国家权力机关，然与政务活动亦相联系。内务府档案主要反映宫廷之财物收支、各项典礼、修造、稽查、圈养御马、陵寝行宫、三旗庄头钱粮、御茶膳、御医御药、修刻御书、打围行猎、圆明园、畅春园等朝廷园林之管理，太监、宫女、苏拉之选用，以及内务府所属文武官员之选补、俸饷、赏恤等方面内容。

内务府档案文种庞杂，数量繁多，其中不乏重要内容。乾隆朝之前以满文为主。以奏销档为例，内务府奏销档与内阁奏销档不同，它不单指钱粮的报销，而是汇抄该府官员以奏折、绿头牌、口奏等形式所奏事件而形成的档册之总称。有关《红楼梦》作者曹雪芹家世的史料和李煦抄家的满文史料、有关清宫医案和圆明园的早期史料，多出于此档案。此外，还有行文档、呈文档、上传档等。这些档案对研究清代经济、文化和宫廷历史颇有价值。

宗人府满文档案数量不少，主要是玉牒、皇册和觉罗名册等，对研究家谱学和考察朝廷的人事关系很有用处。

（五）其他全宗满文档案

除上文简要介绍的几个大全宗满文档案以外，还有一些小全宗的满文档案。如国史馆、八旗都统衙门、理藩院、钦天监、前锋及护军统领衙门、溥仪档等。

保留下来的满文档案，除大量的中央档案外，还有一部分地方档案。中国第一历史档案馆藏宁古塔副都统衙门、阿勒楚喀副都统衙门、珲春副都统衙门的档案，辽宁省档案馆藏盛京内务府、三姓副都统衙门、双城堡协领衙门的档案，黑龙江省档案馆藏黑龙江将军衙门的档案，共计有16900余册，多数以满文书写。其总的起止时间为顺治至宣统年间。

自古以来，我国东北地区是一个多民族聚居的地方。清代居住的民族主要有汉族、满族、蒙古族、朝鲜族、回族、鄂温克族、达斡尔族、锡伯族、鄂伦春族、赫哲族、柯尔克孜族等。有清一代，他们在政治、经济、军事、文化等各方面的活动情况，在以上东北各衙门的档案中都有大量的记载。这些档案内容丰富，是研究清代东北地区各民族历史的珍贵资料。

内蒙古土默特左旗保存的归化城副都统衙门满文档案，共一万余件，起止时间为清雍正朝至民国初年。这批档案是在归化城副都统衙门处理土默特蒙古左右两旗事务的过程中形成的，内容集中反映了土默特蒙古旗官员任免、操演营伍、驻防巡查、支领钱粮、赏罚抚恤、人丁户口、土地牧场、被灾赈济、雨雪粮价、缴纳官粮、开采煤矿、商业贸易、租佃地亩、土木工程、民事案件、喇嘛事务、文化教育等内容。

二　图书、碑刻类

　　档案文献之外的满文文献包括满文原创作品、翻译作品、辞书和碑刻文献。

　　满文原创作品不多，以具有宗教色彩的《尼山萨满》、富有哲理的《百二老人语录》、纪实性的《异域录》以及《御制避暑山庄诗》《御制盛京赋》等为代表。

　　《尼山萨满》(nišan saman i bithe)是一部用满文记述下来的结构完整的民间故事。记述了主人翁尼山萨满不畏艰辛到阴间取员外之子色尔古代·费扬古的灵魂，使其起死回生的故事。这个传说故事不仅流传于满族，而且在达斡尔族、鄂伦春族、鄂温克族、赫哲锡伯族等北方民族中也广为传播。

　　《百二老人语录》(emu tanggū orin saksaha i gisun sarkiyan)，蒙古正蓝旗人松筠（1752—1835）辑于乾隆年间[①]，其友人富伦泰编、蒙古正蓝旗人富俊译成汉文，并流传至今。全八卷，各卷十五条，共一百二十条，每条均以 emu sakda hendume（一老人云）起，故名。内容以国史、礼仪及伦理道德为主。现存抄本分存中国北京、沈阳、台北等地和日本、蒙古国、俄罗斯、美国等国，受到国内外研究者重视。

　　至于翻译作品，据《清太宗实录》记，天聪三年（1629）设立文馆于盛京（今沈阳），即命儒臣翻译汉文书籍。至康熙年间，以满文翻译的汉文典籍已达"凡五经四书已经翻译之外，如纲目讲义等有关于治道者靡不译尽"[②]之地步。乾隆时期又将清前期已经译成满文的汉文经典文献再次重译，[③]至满文《大藏经》告蒇，翻译作品丰繁至极。仅举数例以见其一斑。

　　《御制古文渊鉴》是清康熙帝根据汉文《古文渊鉴》钦选的一部

---

① 其所撰序言时间为乾隆五十四年岁末（1790 年年初）。

② 据康熙朝《御制清文鉴》序。康熙帝《清文鉴序》中此句满文为："geli sunja ging, sy šu bithe be aifini ubaliyambuha ci tulgiyen, g'ang mu, jai jurgan be suhe jergi dasan i doro de holbobuha ele bithe be wacihiyame ubaliyambuhakūngge akū."

③ 如《诗经》即有顺治初期和乾隆中期两种满文版本。

满文翻译作品，康熙二十四年（1685）十二月成书。①具体编著由大学士徐乾学等完成，由内府刊刻，全书64卷，36册。汉文《古文渊鉴》是一部内容广博、意义深远的古文汇集。御制满译本择选文章精良，翻译质量优秀。之后有不同的抄本，影响广泛，并传至海外。

满文《大藏经》译于清乾隆三十七年至五十九年（1772—1794），以汉文、藏文、蒙文、梵文《大藏经》为底本翻译刊刻而成，清代又称《国语大藏经》。共108函（夹），收佛教经典699种，计2466卷。今故宫博物院收藏76函（夹），605种（33750页）；台北"故宫博物院"收藏32函（夹），800余卷。比较其目录、装帧形式及版框尺寸，均为清内府"清字经馆"原刻朱色初印本。庋藏两地的满文《大藏经》非常珍贵，已由故宫博物院整理重印出版。

此外，汉文文学名著如《三国演义》《西厢记》《金瓶梅》《聊斋志异》等，都有多种满文译本，其中不乏优秀之作，如扎克丹所译《聊斋志异》。

清代的语言环境，造就了丰富的语言类文献，如《御制清文鉴》《大清全书》《无圈点字书》《清文典要》《同文广汇全书》《清汉文海》《西域同文志》《清文总汇》《六部成语》《清语摘抄》等辞书及《清文启蒙》《清文虚字指南编》《十二字头》《清文接字》《清语易言》《清文指要》等教科书。下面介绍其中的几种。

《御制清文鉴》（han i araha manju gisun i buleku bithe）。该书成书于康熙四十七年（1708），全书共四函，前三函包括序、部类（šošohon hacin）、正文、跋（amargi sioi）、纂修官员名单，共22卷册（debtelin），第四函为总纲（uheri hešen）。正文分类编排，共分36部（šošohon）。部下分类（hacin），共计280类，收词条12000余，其中包括单词和词组。卷首有康熙（清圣祖玄烨）于成书之年所作序言，书末附编者所撰跋两篇，并两组纂修官员名单。第一组共12人，其中有以武英殿大学士马齐为首的六名殿、阁大学士和六名内阁学士；第二组包括了中央各部、院、司、寺的主要官员56名。随后一函四册总纲，是将

---

① 此为御制序落款时间。

所收全部词汇按满文十二字头顺序编排的索引。全书体例精湛合理，即使以现代词典学的标准来衡量，亦不失为上乘之作。

《大清全书》。该书为满汉词典，清人沈启亮编，有康熙二十二年（1683）京都宛羽斋刻本。全书 14 卷，按十二字头排列，收词条万余。卷首有作者的汉文序言、凡例和总目。正文中的满文部分包括语词及由这些词组成的专有名词、词组以及动词的形态变化等。有些词条之后附有例句，多出自满译本四书五经或六部则例。汉文部分多采用对译或对译辅以解释的方法，少数汉语中无对应词的，则采用音译或解释的方法。该书是迄今所见第一部具有一定规模的满汉词典，由于是私人所修，收词和释义不够规范准确。

《无圈点字书》。该书为研究老满文的工具书。乾隆六年（1741）由鄂尔泰、徐元梦主编而成。老满文创制于明万历二十七年（1599），新满文改进于天聪六年（1632），其间相距 30 余年。老满文虽然应用时间不长，但其间留下了一部重要著作《满文老档》。《满文老档》的记录文字基本上采用的是老满文，到了乾隆初年，已经相距百余年，能够认识老满文的人已经不多了。因此，乾隆六年（1741）乾隆帝降旨，认为"无圈点字乃满文之本，今若不编一字书收存，恐日后失据，人将不知满文始于无圈点字"，并命内阁大学士鄂尔泰、尚书徐元梦等人阅读《满文老档》，检出难辨之老满文字，编辑成书。鄂尔泰等人遵旨，将《满文老档》中的老满文字用十二字头编排出来，并在其下注以新满文，分 4 册抄出，即为《无圈点字书》，该书对于我们今天认识老满文、研究老满文具有十分重要的意义。

《清文总汇》。该书是学习和研究满语最常用的工具书。光绪二十三年（1897）京都宛羽斋刊行，主编为志宽、培宽。全书分 12 册 12 卷，收词两万余条。书前录有宗室祥亨之序言，书后有作者之跋。该书是将《清文汇书》《清文补汇》合并而成。《清文汇书》初版于雍正二年（1724），作者为李延基。全书分为 12 册 12 卷，卷首有作者所撰序言。《清文补汇》刊行于乾隆五十一年（1786），作者宗室宜兴，为补《清文汇书》而作，共集 7990 余言，分 8 册 8 卷。卷首有作者序言，卷尾有其婿之跋。

《清语摘抄》。该书是一部独具特色的满汉对照专用辞书，对阅读满文档案文献，了解档案专用术语很有帮助。现有光绪十五年（1889）京都聚珍堂刻本。全书共 4 册，分别为《衙署名目》《官衔名目》《公文成语》《折奏成语》。

《西域同文志》。这是一部满族、汉族、蒙古族、藏族、维吾尔族等多种文字人名、地名对照注释词典。清大学士傅恒等奉旨编纂，凡 24 卷，乾隆二十八年（1763）武英殿刻本。全书按地区编排，又分地名、山名、水名、人名。内容主要涉及今我国新疆维吾尔自治区、西藏自治区、青海和与之相邻的部分境外地区。每一词条都用 6 种文字对照。首列满文，次列汉文，并详注名义，再次以汉文三合切音为满文注音，而后依次列出蒙文、藏文（西番）、托忒蒙古文（托忒）、维吾尔文（回）的写法。该书是研究西北民族、历史、地理的重要工具书。

《清文虚字指南编》。该书作者万福，光绪十一年（1885）刻本，光绪二十年（1894）凤山修订，名曰《重刻清文虚字指南编》。全书 2 册，是旧时学习满文文法的重要教材。所谓"虚字"，包括助词、后置词、连词、语气词、动词词尾变化等，这些元素对理解文句含义至关重要，将之排比成句，并配以例句，非常便于理解和记忆。如："i、ni、ci、kai 与 debe，用处最广讲论多。里头上头并时候，给与在於皆是 de""把将以使令教字，共是七样尽翻 be，下边必有 bu 字应，不然口气亦可托"。一段下来，对满文中几个最重要的虚词及其用法一目了然。

《清文启蒙》。这是一本满语教科书，清人舞格编，雍正八年（1730）三槐堂序刊，同年即有多种刻本刊行，为迄今所见较早且流传较广的以汉语学习满语的教材。全书分为 4 卷，卷 1 为语音，内容有：十二字头 1280 字，以汉字标注，辅之以切韵 195 条；卷 2 为会话，收话语 42 段，满汉合璧；卷 3 为虚词语法，收虚词 200 多条，加以汉语解释并附满汉合璧例句；卷 4 为词形辨似，收满汉对照词汇 1573 条。

清代碑刻的价值不仅因清代碑学的兴盛而凸显，更因其文种多样而具有丰富的学术内涵。其产生的时间，上迄后金天命，下至清末宣统；种类包括墓碑、墓志、墓碣、诰封碑、题名碑、旌表碑、节烈碑、墓表、谕旨碑、茔地碑、门匾、塔碑、寺碑、神道碑等。而满文早期的作品，又因为同期其他种类文献的稀少而显得弥足珍贵。在已发现的早期满文碑刻中，有两大特点极为鲜明：一是文体丰富，除少量满文一体者外，以满汉合璧本居多，间有满蒙汉三体合璧、满蒙汉藏四体合璧、满拉丁合璧等；二是种类繁多，从墓碑、诰封碑、谕祭碑、题名碑、谕旨碑、告示碑到塔碑、寺碑、陵碑、堂碑等。这恰好反映出满族社会初发之际多样的文化背景。值得指出的是，即便是多体合璧本，各文体之间在内容和书写方式上均有多少不等的差别，故研究价值并不逊色。相反，可以通过各体文字的相互对照，从相同和相异之间，发现端倪，找到真实而有说服力的证据。

本书为初读满文文献的学人选编了若干篇章，冀望学人们能够通过阅读初步理解满文文意，进而踏足浩瀚之文海。

凡　例

1. 本书是为初学者学习用，故不涉及文本的考究，以读懂简单的满文篇章为目的。

2. 档案文献部分尽量按内容的时间先后排列，意在展现历史发展的过程。

3. 为方便教学与研究，对满文进行了写法转写，并标明与满文文献相对应的页、行数，逐词对译留给学人自行完成。

4. 转写符号沿用国际通用的满文文献转写符号：6 个元音（a，e，i，o，u，ū），19 个辅音（n，k，g，h，b，p，s，š，t，d，l，m，c，j，y，r，f，w，ng）和 10 个特定字（k'，g'，h'，ts'，ts，dz，ž，sy，c'y，jy）。

5. 早期文献遗有老满文字形，转写中以括号注明。

6. 汉文部分主要有三种情况：一是清人所译，如《满洲实录》；二是今译，如《满文加圈点档》；三是对汉文原文的照录。分别以"汉文""汉译""汉文原文"附后。

目 录
CONTENTS

第一章 《满洲实录》选段

一 长白山

第1页

【满文】

【转写】

01 golmin šanggiyan alin

02 golmin šanggiyan alin den juwe tanggū

03 ba, šurdeme minggan ba, tere alin i

04 ninggu（ū）de tamun i gebungge omo bi.

05 šurdeme jakūnju ba, tere alin ci

06 tucikengge yalu, hūntung, aihu（ū）sere

07 ilan giyang, yalu giyang alin i julergici

08 tucifi wasihūn eyefi liyoodung ni julergi

09 mederi de dosikabi. hūntung giyang alin i

第 2 页

【满文】

【转写】

10 amargici tucifi amasi eyefi amargi

11 mederi de dosikabi. aihu（ū）bira wesihun

12 eyefi，dergi mederi de dosikabi. ere

13 ilan giyang de boobai tana. genggiyen nicuhe

14 tucimbi. šanggiyan alin edun mangga，ba

15 šahūrun ofi，juwari erin oho manggi，

16 šurdeme alin i gurgu gemu šanggiyan alin de

17 genefi bimbi. šun dekdere ergi ufuhu（ū）

18 wehe noho šanggiyan alin tere inu.

【汉文】

长白山高约二百里，周围约千里。此山之上有一潭，名闼门，周围约八十里，鸭绿、混同、爱滹三江俱从此山流出。鸭绿江自山南泻出，向西流，直入辽东之南海；混同江自山北泻出，向北流，直入北海；爱滹江向东流，直入东海。此三江中每出珠宝。长白山山高地寒，风劲不休。夏日，环山之兽俱投憩此山中。此山尽是浮石，乃东北一名山也。[①]

【说明】

《满洲实录》记述了从满族的起源到努尔哈赤去世这一时段的历史。原本名"清太祖实录战迹图"，成书于天聪年间，清入关后移存北京紫禁城乾清宫内。乾隆四十四年（1779）依照原本重新抄绘二部，一部存上书房，一部送盛京崇谟阁尊藏，定名《满洲实录》。乾隆四十六年又抄绘一部藏于热河行宫。原本现不知所终，本章所用为乾隆年间抄本，选自《满洲实录》，辽宁省档案馆编，辽宁教育出版社 2012 年版。

---

① 汉文最后一句与满文文义有别，满文直译为：太阳升起的方向尽是海沫石，白山者是也。

二 满洲源流（节选）

第 1 页

【满文】

【转写】

01 manju gurun i da sekiyen

02 manju gurun i da. golmin šanggiyan alin i

03 šun degdere ergi bukūri gebungge alin.

04 bulhūri gebungge omoci tucike. tere

05 bukūri alin i dade bisire bulhūri

06 omo de abkai sargan jui enggu（ū）len,

07 jenggulen, fekulen ilan nofi ebišeme jifi

08 muke ci tucifi etuku（ū）etuki sere de,

09 fiyanggū sargan jui etukui dele enduri

第 2 页

【满文】

【转写】

10 saksaha i sindaha fulgiyan tubihe be

11 bahafi na de sindaci hairame angga de

12 ašufi etuku eture de, ašuka tubihe

13 bilga de šuwe dosifi, gaitai andan de

14 beye de ofi, wesihun geneci ojorakū

15 hendume, mini beye ku（ū）šun ohobi.

16 adarame tutara sehe manggi, juwe eyūn

17 hendume, muse lingdan okto jekebihe,

18 bucere kooli akū, sinde fulingga bifi

第3页

【满文】

【转写】

19 ku（ū）šun ohobidere. beye weihuken oho manggi,

20 jio seme hendufi genehe. feku（ū）len tereci

21 uthai haha jui banjiha. abka i

22 fulinggai banjibuha jui ofi uthai gisurembi.

23 goidaha akū ambakan oho manggi, eme

24 hendume, jui simbe abka facuhūn gurun be

25 dasame banjikini seme banjibuhabi. si genefi

26 facuhūn gurun be dasame toktobume banji

27 seme hendufi, abkai fulinggai banjibuha

第4页

【满文】

第4页

【转写】

28 turgun be giyan giyan i tacibufi weihu（ū）

29 bufi, ere bira be wasime gene

30 sefi, eme uthai abka de wesike.

31 tereci tere jui weihu（ū）de tefi

32 eyen be dahame wasime genehei muke

33 juwere dogon de isinafi, dalin de

34 akūnafi, burha be bukdafi, suiha be

35 sujafi mulan arafi, mulan i dele tefi

36 bisire de, tere fonde, tere bai

第5页

【满文】

【转写】

37 ilan halai niyalma gu（ū）run de ejen ojoro be

38 temšenume inenggi dari becendume afandume

39 bisirede, emu niyalma muke ganame genefi,

40 tere jui be sabufi ferguweme tuwafi,

41 amasi jifi becendure bade isaha geren i

42 baru alame, suwe becendure be naka,

43 musei muke ganara dogon de, dembei

44 fergecuke fulingga banjiha emu haha

45 jui jifi tehebi seme alaha manggi,

第 6 页
【满文】

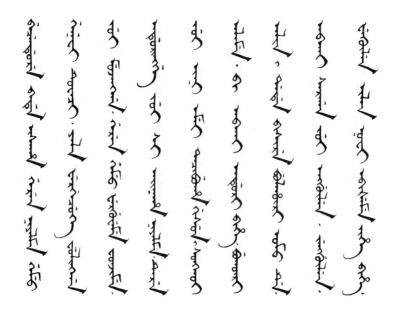

【转写】

46 becendure bade isaha geren niyalma gemu

47 genefi tuwaci, yala fergecuke fulingga

48 jui mujangga, geren gemu ferguweme fonjime,

49 enduringge jui si ainaha niyalma, tere

50 jui ini emei tacibuha gisun i songkoi

51 alame, bi abkai enduri bihe, bukūri

52 alin i dade bisire bulhūri omo de,

53 abkai sargan jui enggu（ū）len, jenggu（ū）len,

54 feku（ū）len ilan nofi ebišeme jihe bihe.

第7页

【满文】

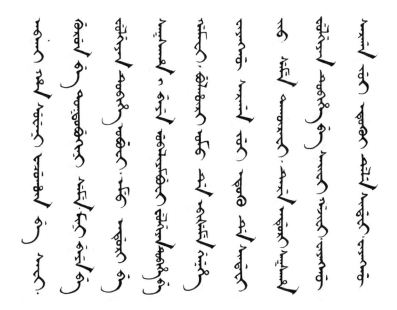

【转写】

55　abkai han suweni facuhūn be safi,

56　gurun be toktobukini seme mini beye be

57　fulgiyan tubihe obufi, emu enduri be

58　saksaha i beye ubaliyambufi fulgiyan tubihe be

59　gamafi. bulhūri omo de ebišeme genehe

60　fiyanggū sargan jui etuku de sindafi

61　jio seme takūrafi, tere enduri saksaha

62　fulgiyan tubihe be saifi gajifi fiyanggū

63　sargan jui etukui dele sindafi, fiyanggū

第 8 页

【满文】

【转写】

64 sargan jui muke ci tucifi etuku

65 etuki serede. tere tubihe be bahafi

66 na de sindaci hairame angga de

67 ašufi, bilha de dosifi bi banjiha.

68 mini eme abkai sargan jui, gebu

69 feku（ū）len. mini hala abka ci wasika

70 aisin gioro, gebu bukūri yongšon seme,

71 alaha manggi，geren gemu ferguweme ere

72 jui be yafahan gamara jui waka seme

第9页

【满文】

【转写】

73 juwe niyalmai gala be ishunde joolame

74 jafafi, galai dele tebufi boo de

75 gamafi, ilan halai niyalma acafi hebdeme,

76 muse gurun de ejen ojoro be

77 temšerengge nakaki. ere jui be tukiyefi

78 musei gurun de beile obufi, beri

79 gege be sargan buki seme gisurefi,

80 uthai beri gebungge sargan jui be,

81 sargan bufi gurun de beile obuha.

第 10 页

【满文】

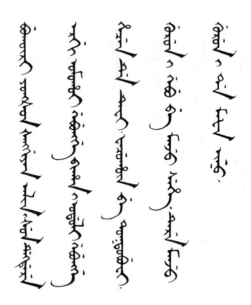

【转写】

82 bukūri yongšon šanggiyan alin i šun dekdere

83 ergi omohoi gebungge bihan i odoli gebungge

84 hecen de tefi facuhūn be toktobufi

85 gurun i gebu be manju sehe. tere manju

86 gurun i da mafa inu.

【汉文】

满洲源起于长白山之东北布库里山下一泊，名布尔湖里。初，天降三仙女，浴于泊。长名恩古伦，次名正古伦，三名佛库伦。浴毕上岸，有神鹊衔一朱果，置佛库伦衣上，色甚鲜妍，佛库伦爱之不忍释手，遂衔口中。甫著衣，其果入腹中，即感而成孕。告二姊，曰：吾等曾服丹药，谅无死理，此乃天意，俟尔身轻，上升未晚，遂别去。佛库伦后生一男，生而能言，倏尔长成。母告子曰：天生汝，实令汝以定乱国，可往彼处，将所生缘由一一详说。乃与一舟，顺水去，即其地也。言讫，忽不见其子，乘舟顺流而下，至于人居之处，登岸，折柳条为坐，具似椅形，独踞其上。彼时，长白山东南俄漠惠（地名）、俄朵里（城名）内有三姓争为雄长，终日互相杀伤。适一人来取水，见其子举止奇异，相貌非常，回至争斗之处告众曰：汝等无争，我于取水处遇一奇男子，非凡人也。想天不虚生此人，盍往观之。三姓人闻言罢战，同众往观，及见果非常人，异而诘之，答曰：我乃天女佛库伦所生，姓爱新（汉语金也）觉罗（姓也），名布库里雍顺。天降我定汝等之乱，因将母所嘱之言详告之，众皆惊异，曰：此人不可使之徒行。遂相插手为舆，拥捧而回。三姓人息争，共奉布库里雍顺为主，以百里女妻之。其国定号满洲，乃其始祖也（南朝误名建州）。

三 创制满文

第 1 页

【满文】

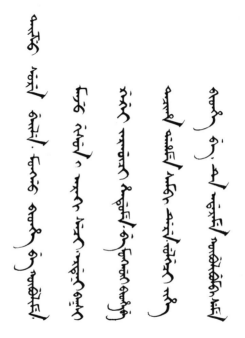

【转写】

01 taidzu sure beile monggo bithe be kūbulime,

02 manju gisun i araki seci. erdeni baksi,

03 g'ag'ai jargūci hendume：be monggoi bithe be

04 taciha dahame sambi dere, julgeci jihe

05 bithe be te adarame kūbulibumbi seme

第 2 页

【满文】

【转写】

06 marame gisureci.

07 taidzu sure beile hendume：nikan gurun i bithe be

08 hūlaci, nikan bithe sara niyalma sarkū

09 niyalma gemu ulhimbi. monggo gurun i

10 bithe be hūlaci, bithe sarkū niyalma

11 inu gemu ulhimbi kai. musei bithe be

12 monggorome hūlaci, musei gurun i bithe

13 sarkū niyalma ulhirakū kai. musei gurun i

14 gisun i araci adarame mangga, encu monggo

第 3 页

【满文】

【转写】

15 gurun i gisun adarame ja seme henduci.

16 g'ag'ai jargūci erdeni baksi jabume: musei

17 gurun i gisun i araci sain mujangga.

18 kūbulime arara be meni dolo bahanarakū

19 ofi marambi dere.

20 taidzu sure beile hendume: a sere hergen ara,

21 a i fejile ma sindaci ama wakao.

22 e sere hergen ara, e i fejile me

23 sindaci eme wakao. mini dolo gūnime

第 4 页

【满文】

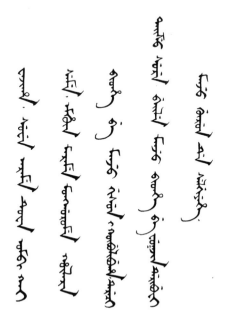

【转写】

24 wajiha, suwe arame tuwa ombi kai

25 seme, emhun marame monggorome hūlara

26 bithe be manju gisun i kūbulibuha. tereci

27 taidzu sure beile, manju bithe be fukjin deribufi

28 manju gurun de selgiyehe.

【汉文】

太祖欲以蒙古字编成国语①。巴克什额尔德尼、噶盖对曰：我等

---

① "国语"，这里指"满文"，下同。

习蒙古字，始知蒙古语。若以我国语编创译书，我等实不能。

太祖曰：汉人念汉字，学与不学者皆知。蒙古之人念蒙古字，学与不学者亦皆知。我国之言写蒙古之字则不习蒙古语者不能知矣。何汝等以本国言语编字为难，以习他国之言为易耶？

噶盖、额尔德尼对曰：以我国之言编成文字最善。但因翻编成句，吾等不能，故难耳。

太祖曰：写阿字下合一玛字，此非阿玛乎？（阿玛，父也。）额字下合一默字，此非额默乎？（额默，母也。）吾意决矣！尔等试写可也。

于是自将蒙古字编成国语颁行，创制满洲文字，自太祖始。

【说明】

清太祖于 1599 年亲自倡议并主持创制了满文。这一创制过程由额尔德尼和噶盖两位儒臣完成，他们参照蒙古文字母的形状和结构，创造了满文。这种早期的满文被称为无圈点老满文。1632 年，由达海进行改进，正音正字，臻于完善。

第二章　满文加圈点档选段

一　迎战乌拉截兵

第1页

【满文】

【转写】

01 tongki fuka sindaha hergen i dangse

02 cooha be waki seme tumen cooha be unggifi

03 tosoho, tere tosoho cooha be acaha manggi, hūrhan

04 hiya ini gajire sunja tanggū boigon be, alin i

05 ninggude jase jafafi, emu tanggū cooha be tucibufi

06 boigon tuwakiyabuha, cooha gaifi genehe ilan beile de,

07 ula i cooha heturehebi seme amasi niyalma takūraha, tere

第 2 页

【满文】

【转写】

08 dobori, ula i tumen（原档残缺）ujihe, muse tuttu ujifi

09 ula i gurun de unggifi ejen obuha niyalma kai,

10 ere bujantai musei gala ci tucike niyalma kai, jalan

11 goidahakūbi, beye halahakūbi, ere cooha be geren seme

12 ume gūnire, muse de

13 abkai gosime buhe amba horon bi, jai

14 ama han i gelecuke amba gebu bi, ere cooha be muse

第 3 页

【满文】

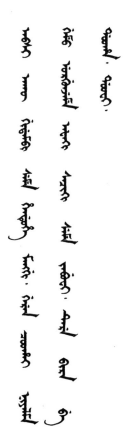

【转写】

15 absi akū gidambi seme henduhe manggi, geren coohai niyalma

16 gemu urgunjeme afaki saciki seme jabufi, tere bira be

17 dooha, doofi, ……

【汉译】

加圈点档

"（原档残缺）欲杀我兵，遣万兵拦阻。扈尔汉侍卫遇其阻截之兵，将所携五百户结寨于山顶，派百兵守护，并遣人回返，将乌拉兵拦截情形报知领兵三位贝勒。是夜，乌拉之万兵（原档残缺）收养之。乃经我如此豢养遣归乌拉国为君之人哉。此布占泰乃我放还之人也。为时未久，其人依旧。勿虑此兵众多，我等既有天赐之威，又有父汉之英名，我必能击败此兵。"言毕，众兵士皆喜，呐以攻杀之声，渡过其河。

【说明】

　　本章选自《内阁藏本满文老档》第一册，中国第一历史档案馆整理编译，辽宁民族出版社 2009 年版。

二　凯旋

第 1 页

【满文】

ᠮᠠᠨᠵᡠ ᡥᡝᡵᡤᡝᠨ

【转写】

01 sure kundulen han i juwe jui, sunjata tanggū cooha be gaifi,

02 alin i wesihun juwe jurgan i afame genehe, deo beile

03 sunja tanggū cooha be gaifi, alin i dade ilihai

04 tutaha, tuttu yasa neihekū niyahan i gese juwe buya

第2页
【满文】

【转写】

05 juse, sunjata tanggū cooha be gaifi, alin i wesihun afame

06 genefi, tere dain be gidafi sacime gamara de, deo

07 beile, siden de emu amba alin be sindafi, adame

08 genefi dain i niyalma be ambula bahafi wahakū, dain de

09 bahafi wara beyebe ujifi, ula gurun de unggifi ejen

10 obuha, wara beyebe ujihe dele, emu

11 ama de banjiha juwe fujin sargan buhe, bujantai gūwaliyafi, cooha

第 3 页

【满文】

【转写】

12 heturefi, boigon ganaha emu amha, juwe efu be waki

13 seme tosoho, bujantai tumen cooha be

14 abka wakalaha, ujihe buhe dele,

15 sure kundulen han i mujilen i tondo be

16 abka na saišafi, tere tosoho bujantai tumen cooha be,

17 sure kundulen han i dehi uyun se de, honin aniya ilan

18 biyai orin de, juwe juse emu minggan cooha be

第 4 页

【满文】

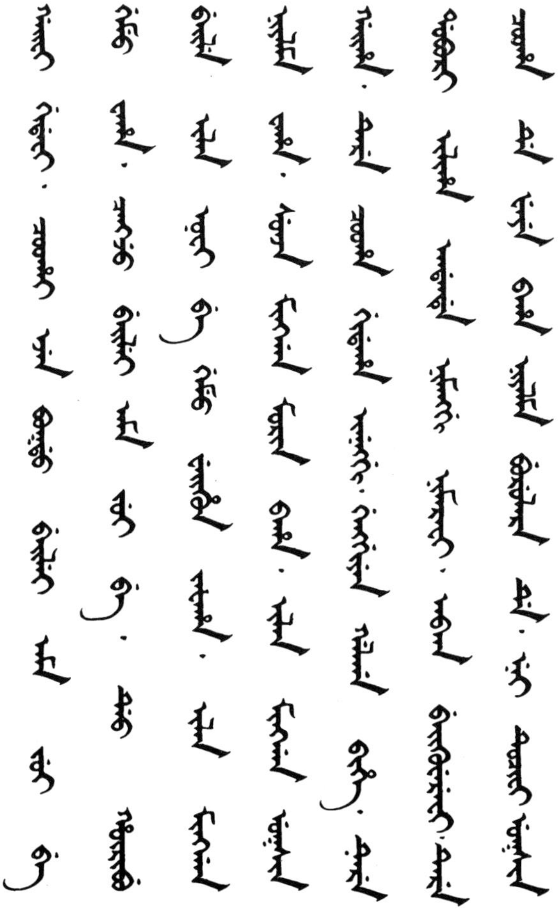

【转写】

19 gaifi gidafi, coohai ejen bokdo beilei ama jui be

20 gemu waha, cangju beilei ama jui be, deo hūribu

21 beile ilan nofi be gemu weihun jafaha, ilan minggan

22 niyalma waha, sunja minggan morin baha, ilan minggan uksin

23 gaiha, tere cooha gidaha inenggi, genggiyen galaka bihe, tere

24 dobori iliha andande nimanggi nimarafi, abka beikuwerefi, tere

25 cooha de feye baha niyalma burulara de, nei tucifi uksin

第5页

【满文】

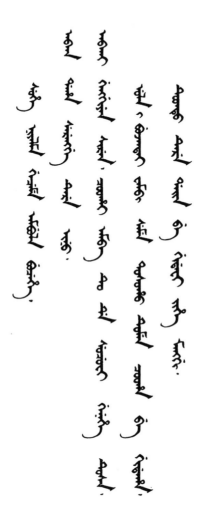

【转写】

26 suhe niyalma geceme ambula bucehe,

27 abka daha serengge tere inu,

28 abkai genggiyen siren, coohai amba tu de sucufi, genehe tusa,

29 ula i bujantai wambi seme tosoho tumen cooha be gidaha,

30 tuttu tere dain be gidafi jihe manggi, ……

【汉译】

聪睿恭敬汗之两子，各领兵五百，分兵两路上攻，弟贝勒领兵五百，留于山下。其两子，幼似初生之犬崽，尚各领兵五百，攻上山顶，破阵剿杀，弟贝勒因有大山相隔，未能同往多杀敌。赦其阵中应杀之身且豢养，释归乌拉国为君。不惟养其应杀之身，且以同父所生之二女妻之。然布占泰竟怀二心，以兵拦截，欲杀往取人户之岳丈及二额驸，故布占泰之万兵，遭天谴责。聪睿恭敬汗不惟怜恤豢养，妻之以女，更以公正之心，获蒙天地嘉佑，于聪睿恭敬汗四十九岁之未年三月二十日，二子率兵一千，击败布占泰截路之万兵，斩其主将博克多贝勒父子，生擒常柱贝勒父子及其弟胡里布贝勒三人，斩人三千，获马五千四、甲三千副。破敌之日，天曾晴朗，是夜，突然间降雪，天气寒冽。阵中被伤之人败走时，因出汗而解甲者冻死颇众，所谓天佑者即此也。天现吉兆，辉耀军中大纛，败乌拉布占泰截杀之万兵，凯旋。

三 赏罚

第 1 页

【满文】

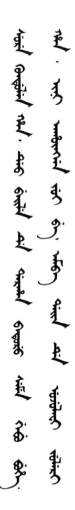

【转写】

01 sure kundulen han, deo beile de darhan baturu seme gebu buhe,

02 han, ini ahūngga jui be, amba dain de ujulafi juleri

第 2 页

【满文】

【转写】

03 dosika seme, argatu tumen seme gebu buhe, jacin jui daišan

04 beile de, tere coohai ejen bokdo beile be, morin i dele

05 jafafi sacime waha, dain de dosire de gucu amcaci ambuhakū,

06 ahūn i gese adafi dosika seme, guyeng baturu seme gebu buhe,

07 sure kundulen han, cooha unggire de, mini juwe jui dain de

08 morin yalufi afaci, beyebe tuwakiyame yabu, morin ci ebufi afaci,

09 morin be jafa seme akdun arafi afabufi unggihe, cangšu gebungge

第3页

【满文】

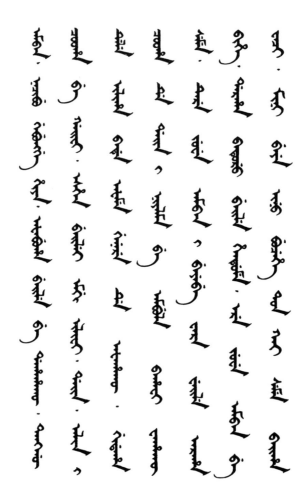

【转写】

10 amban, nacibu gebungge hiya, afabuha beile be dahahakū, tanggū

11 cooha be gaifi, eshen beilei emgi ilifi, dain, alin i

12 dele iliha bade afame genere de afahakū, gidaha

13 cooha de dain i niyalma be ambula bahafi wahakū

14 seme, tere juwe amban i beyebe wara weile araha

15 bihe, darhan baturu beile hendume, ere juwe amban be

16 waci, mini beye inu bucehe ton kai seme baiha

第4页

【满文】

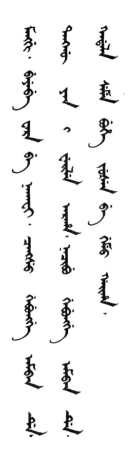

【转写】

17 manggi, beyebe wara be nakafi, cangšu gebungge amban de,

18 tanggū yan i weile araha, nacibu gebungge amban de,

19 kadala seme buhe jušen be gemu gaiha.

【汉译】

聪睿恭敬汗赐弟贝勒号达尔汉巴图鲁。汗以其长子遇劲敌率先进击，赐号阿尔哈图图门；以其次子代善贝勒将该主将博克多贝勒擒于马上斩之，攻入敌阵时，同伴追之不及，偕同其兄冲入阵内，赐号古英巴图鲁。发兵时，聪睿恭敬汗嘱以"我二子若于阵中骑马而战，尔等则卫护其身而行，若下马步战，则为之执马"等语。然大臣常书、侍卫纳齐布，并未跟随所委之贝勒，却率兵百人与叔贝勒同在一处，未往攻山上之敌营，截击溃败之敌兵时又斩杀无多，故曾拟二大臣以死罪。时达尔汉巴图鲁贝勒请曰："若杀此二臣，则我亦属当死之列矣。"于是免其死罪，罚大臣常书银百两，尽夺赐给大臣纳齐布所管之诸申。

四　乘胜再战

第1页

【满文】

【转写】

01 tere ula i

02 cooha be gidaha manggi, warka i hesihe, fenehe goloi niyalma

03 kemuni ula i bujantai be dahafi bihe,

04 sure kundulen han hendume, muse emu gurun kai, ba i goro de,

05 ula gurun de dalibufi, suwe ula de dahafi banjiha dere,

第 2 页

【满文】

【转写】

06 musei emu gurun i han, tucifi ula i cooha be gidaha kai,

07 te musei emu gurun i han de daha seci, daharakū

08 ofi, ineku tere aniya sunja biyade, ini fiyanggū deo

09 joriktu beile, eidu baturu, fiongdon jargūci, hūrhan hiya de,

10 minggan cooha be afabufi unggifi, hesihe, omoho suru, fenehe

11 tokso, tere golo be sucufi wacihiyame gaifi, juwe minggan olji gaji-
ha.

【汉译】

克乌拉兵后，瓦尔喀部之赫席赫、佛讷赫路之人，仍附乌拉布占泰。聪睿恭敬汗曰："我等乃一国也，只因地方遥远，且为乌拉国所阻，尔等依附乌拉国为生而已。今我一国之汗，已兴师击败乌拉兵矣。"今令降我一国之汗，因未从命，亦于是年五月遣其幺弟卓礼克图贝勒、额亦都巴图鲁、费英东扎尔固齐、扈尔汉侍卫等率兵一千，往征赫席赫、鄂谟、苏鲁、佛讷赫托克索等路，尽取之，俘获两千，携至。

五　灭辉发始末

第1页

【满文】

【转写】

01 bolori uyun biyai ice ninggun de，usihai siren tucifi，

02 nadan jakūn dobori šun dekdere ergide, hoifa gašan i

03 teisu sabufi jai nakaha, terei amala šun tuhere ergide,

04 jai emu usiha de siren tucifi emu biya funceme

05 bihe, hoifa i baindari beile, yehe i bujai, narimbulu de

06 dafi, juwe jergi cooha jihe bihe, jai baindari, ini

第 2 页

【满文】

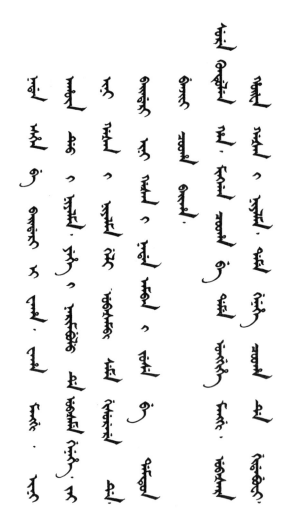

【转写】

07　nadan eshen be baindari i waha, waha manggi, ini

08　ahūn deo i niyalma, yehe i narimbulu de ubašame genehe, jai

09　ini gašan i niyalma geli ubašambi seme gisurere de,

10 baindari, ini gašan i nadan amban i juse be damtun

11 benjifi cooha baiha,

12 sure kundulen han, minggan cooha be dame unggihe manggi, ubašara

13 hoifa gašan i niyalma, dame genehe cooha de gidabufi,

第 3 页

【满文】

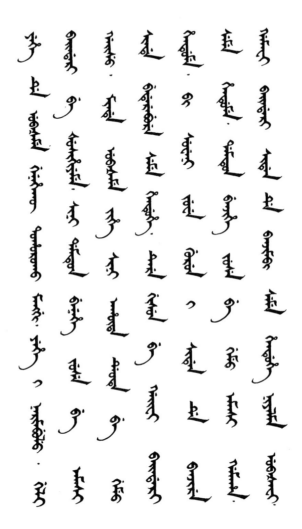

【转写】

14 yehe de ubašame genehekū tohoroko manggi, yehe i narimbulu, geli

15 baindari be šusihiyeme, sini damtun benehe juse be amasi

16 gaisu, minde ubašame jihe sini ahūta deote be gemu

17 sinde bederebure seme henduhe, tere gisun be gaifi baindari

18 hendume, bi suweni juwe gurun i siden de banjire

19 seme hendume, damtun benjihe juse be gemu amasi gamaha,

20 gamafi baindari siden de banjimbi seme henduhe niyalma ubašafi,

第 4 页

【满文】

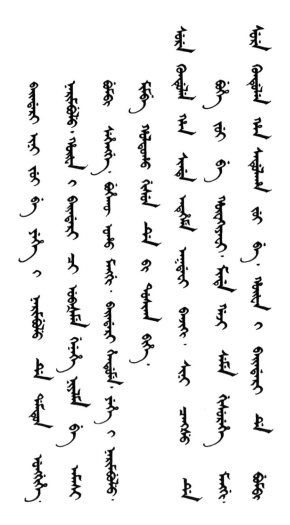

【转写】

21 baindari ini jui be yehe i narimbulu de damtun unggihe,

22 narimbulu, hoifa i baindari ci ubašame genehe niyalma be amasi

23 bumbi sehengge, buhekū oho manggi, baindari hendume, yehe i na-rimbulu,

24 mimbe holtoho gisun de bi dosika bihe,

25 sure kundulen han sinde enteheme akdafi banjiki, sini cangšu de

26 buhe jui be hūwakiyafi, minde gaji seme gisurehe manggi,

27 sure kundulen han sadulaha jui be, hoifa i baindari de bumbi

第 5 页

【满文】

【转写】

28 seme sadun ci hūwakiyaha, baindari geli gūwaliyafi gaimbi seme

29 gisurehe sargan be gaihakū oho manggi,

30 sure kundulen han hendume, baindari si yehe i etenggi fonde narimbulu de

31 dafi, minde juwe jergi cooha jihe, si mini jui be

32 gaimbi seme gisurefi, geli ainu uttu gūwaliyaka seme henduhe mang-gi,

33 baindari hendume, mini yehe de bisire jui be baha manggi,

34 sini jui be gaifi, sini ici ojoro seme gisureme, ilarsu

第6页

【满文】

【转写】

35 hoton be araha, yehe de bihe ini jui jihe manggi,

36 sure kundulen han hendume, sini yehe de bihe jui be baha kai,

37 te ainambi seme henduhe manggi, baindari beile ilarsu hoton be

38 arame jabduha seme, gaimbi seme gisurehe sargan be gaihakū

39 gūwaliyaka, tuttu gūwaliyaka manggi,

40 sure kundulen han jili banjifi, cooha genere de, seheri hada ge-bungge

41 bade emu inenggi emu dobori abka abkafi galaka, tereci

第7页

【满文】

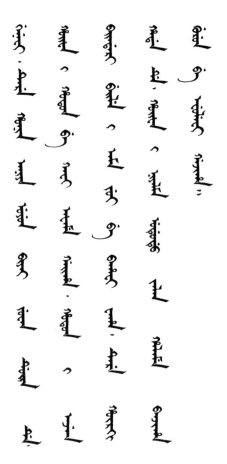

【转写】

42 genefi, tere honin aniya uyun biyai juwan duin de,

43 hoifa i hoton be kafi afame gaiha, hoton i ejen

44 baindari beile i ama jui be bahafi waha, tere hūrki

45 hada de, hoifa i niyalma ududu jalan halame banjiha

46 gurun be efulefi gajiha.

【汉译】

秋九月初六日，有星线现于东方指辉发村经七八夜方息。其后，西方又现一星线，经月余。辉发之拜音达里贝勒曾助叶赫之布寨及纳林布禄，两次出兵来犯。后因拜音达里杀其叔七人，其兄弟之人俱叛投叶赫纳林布禄。其村之人亦欲叛，故拜音达里送来其村七大臣之子为质请兵。聪睿恭敬汗发兵千人往援，谋叛之辉发村人被援兵击败。未能叛往叶赫。平息之后，叶赫部纳林布禄复唆拜音达里曰："索还尔送往人质，则尔叛投我之兄弟尽行归还。"拜音达里从其言，曰："我将中立于尔等两国之间也。"将所送人质尽数索回。索回之后，拜音达里竟背弃中立之言，以其子送叶赫纳林布禄为质。纳林布禄曾言归还背叛拜音达里之辉发人，然未归还。拜音达里曰："我曾为叶赫纳林布禄所诳，今欲永赖聪睿恭敬汗为生，请将尔许常书之女改适与我。"聪睿恭敬汗遂退其女婚约，然拜音达里复又悔婚未娶。聪睿恭敬汗曰："昔叶赫强盛之时，尔拜音达里出兵助纳林布禄，曾两次来犯。尔既请娶我女，何又如此变心。"拜音达里称："俟我在叶赫之子得归，即娶尔女，与尔结盟。"遂筑三城。俟其在叶赫之子归，聪睿恭敬汗曰："尔在叶赫之子既归，今将如何。"拜音达里贝勒以三层城垣业已修竣，悔婚未娶已聘之女。如此负约，聪睿恭敬汗怒而发兵以往。兵至色赫里岭地方，天降雨，一昼夜方晴。由彼前行，于此未年九月十四日，围攻辉发城，克之，俘其城主拜音达里贝勒父子，诛之。至此，呼尔奇岭世居之辉发国乃灭，携其人而还。

六 结盟 联姻

第1页

【满文】

【转写】

01 sure kundulen han i susai se de, ilan biyade, argatu tumen, amin

02 taiji de sunja minggan cooha be adabufi unggifi, ula i

03 ihan alin i hoton be kafi afame gaiha, minggan

04 niyalma be waha, ilan tanggū uksin baha, ula i

05 bujantai de korcin i monggo i unggadai beile dafi, bujantai

06 cooha gašan ci tucifi, orin ba i dubede ilifi, afaci

07 ojoro cooha waka seme gisurefi amasi bederehe, argatu

第 2 页

【满文】

【转写】

08 tumen tere hoton de juwe dobori dedufi jihe.

09 sure kundulen han, nikan i wan lii han i nenehe ehe be gūnihakū,

10 geli sain banjire be buyeme, ehe be gūnici, emu inenggi

11 andande, sain doro be ududu jalan de baici

12 baharakū sere seme, tubabe gūnifi, han i jase be

13 nikan, jušen yaya hūlhame dabaci, dabaha niyalma be, saha

第 3 页

【满文】

【转写】

14 niyalma waki, safi warakūci, wahakū niyalma de sui isikini

15 seme gisurehe gisun be, nikan aifuci, nikan han i guwangning ni

16 du tang, dzung bing guwan, liyoodung ni dooli, fujiyang, keyen i

17 dooli, ts'anjiyang, ere ninggun amba yamun i hafan ehe sui

18 isikini seme gisurefi, wehei bithe be jasei jakade

19 ba bade ilibume, bonio aniya ninggun biyai orin i inenggi,

20 šanggiyan morin wafi, senggi be emu moro, yali be

第4页

【满文】

【转写】

21 emu moro, boihon emu moro, arki emu moro, giranggi

22 šofi sindafi, liyoodung ni u fujiyang, fusi i wang beiguwan

23 jifi, han i jase be yaya dabarakū seme gashūha,

24 tuttu ihan alin i hoton be gaiha manggi, ula i

25 bujantai beile golofi, tereci elcin yabufi, ineku tere bonio

26 aniya uyun biyade, yehe i narimbulu i susai niyalma be jafafi,

27 sure kundulen han i elcin de bume, ula i bujantai dahame acaha,

第 5 页

【满文】

【转写】

28 acafi bujantai hendume,

29 ama han de duin sunja jergi gashūha gisun be gūwaliyafi, ehe

30 ofi bi umai dere akū kai,

31 ama han i beye de banjiha emu jui be buci, bi

32 ama han de enteheme akdafi banjiki aina seme gisurehe manggi,

33 sure kundulen han i beyede banjiha mukusi gege be geli

34 bujantai de buhe.

【汉译】

戊申年，聪睿恭敬汗年五十。三月，遣阿尔哈图图门、阿敏台吉率兵五千，前往围攻乌拉宜罕山城，克之。斩千人，获甲三百副。时科尔沁蒙古贝勒翁阿岱助乌拉布占泰。布占泰率兵出村，驻二十里外，曰："此兵不可攻也。"乃退。于是，阿尔哈图图门于其城中住两夜而还。

聪睿恭敬汗不念明万历帝旧恶，复欲通好。书云："念人之恶，在一日间，交好之道，历世难求。"念及此，于申年六月二十日，会明辽东吴副将、抚顺王备御等誓约，任何人不越帝之边界。刑白马，以血、肉、土、酒各一碗，削骨盟誓："帝之边界，凡汉人、诸申，无论何人偷越，见即杀之。见而不杀，则殃及不杀之人。明若渝盟，则明帝之广宁都堂、总兵官、辽东道、副将、开原道、参将等六大衙门之官员，均受其殃。"勒碑立于沿边诸地。故取宜罕山城后，乌拉贝勒布占泰惧怕，从此遣使往来。是申年九月，执叶赫纳林布禄属下五十人，交付聪睿恭敬汗之使臣，乌拉布占泰亦随同相见。见毕，布占泰曰："我违盟约，凡四、五次，获罪父汗，诚无颜面也。若以父汗亲生一女与我为妻，则我永赖父汗为生，何如?"聪睿恭敬汗遂复将亲女穆库锡格格嫁与布占泰。

第三章 公文档案文献选读

一 康熙朝题本

第1页

【满文】

[满文竖排文字]

【转写】

01 guwangdung guwangsi jergi ba i coohai baita be uheri kadalara, jeku ciyanliyang be kamcifi

02 icihiyara, coohai jurgan i ici ergi ashan i amban bime uheri be baicara yamun i ici ergi

03 ashan i baicara amban kamciha amban yang lin i gingguleme wesimburengge, ajige amban mini tušan

04 be alime gaiha inenggi be gingguleme boolara jalin. gūnici enduringge ejen kesi isibume amban

第2页

【满文】

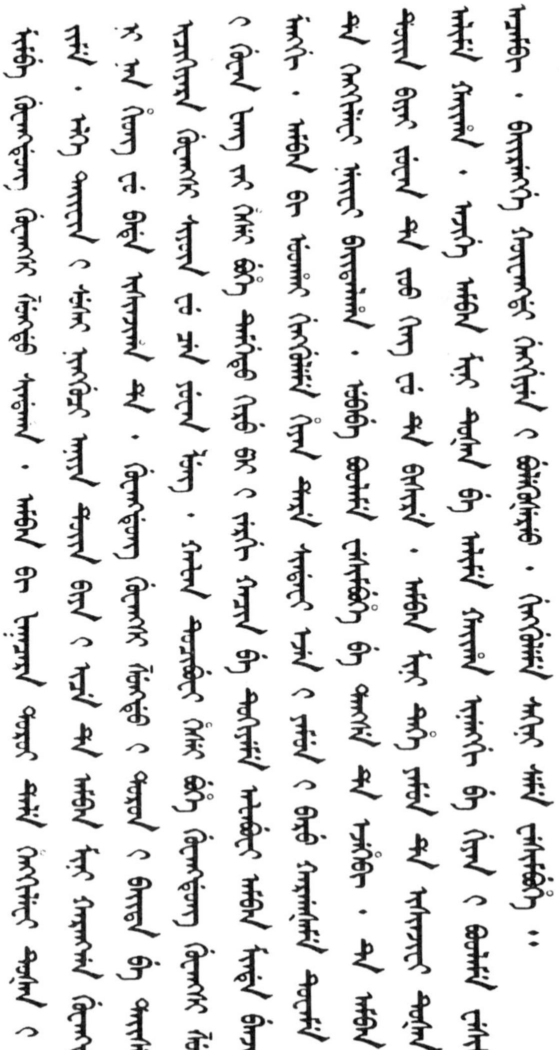

【转写】

05 mimbe guwangdung guwangsi dzungdu sindaha amban bi fakcara

doroi dele hengkilefi tušan i baru

06 jime, elhe taifi i susai ningguci aniya duin biya i ice de amban mini harangga guwangdung

07 ni nan hiong fu bade isinjiha de, guwangdung guwangsi dzungdu i doron i baita be daiselame

08 icihiyara guangsi siyūn fu cen yuwan lung, hafan tucibufi hesei buhe guwangdung guwangsi dzungdu

09 i guwan fang jai hesei buhe temgetu kiru pai i jergi hacin be tukiyame afabufi amban minde benjibuhe

10 manggi, amban bi uthai gingguleme hiyan dere sindafi ejen i yamun i baru hargašame tuwame kesi

11 de hengkilefi neifi baitalaha, ubabe boolame wesimbuhe be dangse de ejehebi. te amban bi

12 duin biyai juwan de joo king fu de bisire, amban mini tehe yamun de isinjifi tušan be alime gaiha, ajige amban mini tušan be

13 alime gaiha inenggi be giyan i boolame wesimbuci

14 acambi. bairengge hūwangdi genggiyen i bulekušereo. gingguleme sakini seme wesimbuhe.

【汉文】

总督广东、广西等处地方军务，监理粮饷，兵部右侍郎兼都察院右副都御史，臣杨琳谨题，为恭报微臣到任日期事。

窃臣荷蒙圣恩，补授广东、广西总督，陛辞赴任，于康熙五十六年四月初一日行至臣属广东南雄府，准署理广东、广西总督印务。

广西巡抚陈元龙委员赍送钦颁总督广东、广西关防及王命旗牌等项到臣，臣即恭设香案，望阙叩头，谢恩启用，具疏题报在案。

兹臣于四月初十日抵肇庆府驻扎衙门，所有微臣到任日期，理合题报。

【说明】

1. 选自关嘉禄、佟永功《简明满文文法》，辽宁民族出版社 2002 年版。

2. 公文成语的用法。如：

gingguleme wesimburengge 谨题

ajige amban mini tušan be alime gaiha inenggi be gingguleme boolara jalin 为……事

3. 职官名称的写法、译法。如：

uheri kadalara amban 总督

coohai jurgan i ici ergi ashan i amban 兵部右侍郎

uheri be baicara yamun i ici ergi ashan i baicara amban 都察院右副都御史

4. 早期职官名称混用汉语音译。如：

dzungdu 总督

siyūn fu 巡抚

二　康熙朝兵部尚书密题（节选）

第1页

【满文】

【转写】

01 elhe taifin i jai aniya sunja biyai ice juwe, coohai jurgan i

02 aliha amban, amban giya han fu i gingguleme narhūšame wesimbu-rengge,

03 efujehe ming gurun i uksun be baicame jafara jalin. an ca sy ci

04 amban minde alanjiha manggi tuwaci, fudaraka hūlhai hoki ci ši wan se

05 serengge hesei jafa sehe feilengge niyalma. amban bi dasame duin biya saniyaha

06 bilaha inenggi be dahame, an ca sy de yaya harangga ba i šun biya i

第2页
【满文】

【转写】

07 isinahale bade bireme suweleme urunakū jafafi, gurun i fafun be

08 iletu obu seme ciralame bithe unggihe bihe. te harangga sy ci

09 alanjiha be tuwaci, geren fu jeo hiyan wei šo i jergi hafasa de

10 takūrafi, meni meni harangga ba i dorgi de narhūšame babade bai-
cabume

11 jafabuci, damu ba na oncu amban ofi, amasi juleri yabure de inenggi

12 baibure be dahane arbun bilaha inenggi songgoi jafafi boolame
muterakū ofi

13 tuttu bilahabe saniyarau seme baimbi. hūwangdi jurgan de hese

14 wasimbufi gisurefi dahūme wesimbufi, gosifi bilaha inenggi be
saniyafi amban

15 mimbe hafirame bošome jafaha manggi, uthai boolame wesimbureo.
gingguleme

16 wesimbuhe, hese be baimbi.

17 hese meni meni jurgan gisurefi wesimbu sehe.

【汉文】

康熙二年五月初二日。

兵部尚书、臣贾汉福密题：为查拿故明宗室事。

接按察司呈报，窃臣看得，逆贼党羽齐士万等乃钦命缉拿之罪犯。

臣按再次展限四月之期，严饬按察司，凡所属地方，详尽搜查，务必缉获，以昭国法。

今看得该司呈文，虽交付各府、州、县、卫、所官员，于各自属地处处秘密缉拿，但因地域广阔，往来行走，颇需时日，不能按期限拿获呈报，故请展延期限。

【说明】

1. 选自中国第一历史档案馆编《满文教材》（满汉文），新疆人民出版社 1991 年版。

2. an ca sy-按察使，早期用汉语音译。

3. šo 汉语"所"（so）。

三　《起居注》选段（康熙朝）

第 1 段

【满文】

[illegible]

[illegible]

[illegible]

[illegible]

[illegible]

[illegible]

[illegible]

[illegible]

[illegible]

[illegible]

【转写】

01 ere aniya, jyli bai jeku antaka?

02 nadanju jakūnju seiursei gisurerengge, beye sakdantala umai

03 ere gese sain aniya be ucarabuhakū sembi.

04 ere aniya, suweni tubai jeku antaka?

05 amban meni tuba beikuwen, jeku te kemuni hadure unde, donjici

06 ere aniyai jeku mutuhangge ambula sain sembi.

07 giyangnan i jeku antaka?

08 ere aniya, jeku ambula sain sembi.

09 ere gese elgiyen i bargiyaha aniya, haji yuyure jalin gūninjaci acambi.

【汉文】

直隶今岁田禾如何？

七八旬老叟皆云，有生以来从未遇此丰年。

今岁尔处秋田如何？

臣乡多塞，秋田今尚未刈，但闻今岁禾稼甚茂。

江南秋田如何？

今岁禾稼甚丰。

如此丰年，即当预筹荒欠。

第 2 段

【满文】

【转写】

01 hūguang ni golo i aniya antaka?

02 ere niyengniyeri, juwe hacin i maise ambula baha, juwari dosime, hiya de

03 hangnabure jakade, bolori jeku yooni baha ba akū.

04 bele hule tome emte yan, maise hule tome ninggute jiha salimbi.

05 ere nurhūme ududu aniya hūguwang ni golo gemu jeku baha bime, ere niyengniyeri

06 geli maise baha. neome samsire, banjire babe ufarara de isinarakū.

07 si hūwanggiyarakū seme akdulaci ombio?

08 amban bi tuwaci, jugūn i unduri tehe irgen, an i banjimbi. yuyure omi-holoro

09 arbun akū. harangga siyūn fu, inu ere aniyai irgen i banjire jalin joboro

10 ba akū sehe.

11 honan i si ping, sui ping ni emu girin i ba antaka?

12 amban bi amasi jidere de, tubabe yabuhakū ofi sarkū.

【汉文】

湖广年岁如何?

今春二麦大熟。因入夏亢旱,秋禾不能全获。米每石计值一两,麦每石六钱。连年楚省皆熟,兼以今春麦收,不致有流离失所之事。

尔能保其无患乎?

臣见沿途居民安堵如故,无饥馑之状,该抚亦言今岁百姓可无忧生计。

河南西平、遂平一路如何?

臣回时,未经其地,不能悉知。

第 3 段

【满文】

【转写】

01 sini jidere fonde, birai jugūn antaka bihe?

02 jugūn kemuni an i bihe.

03 jiha de manju hergen i boo ciowan, booyuwan sere bithe bici wajiha kai,

04 majige ajigen obure de aibi.

05 jihai hūda wesikengge jiha komso i turgun, hungkerehengge labdu oci,

06 jihai hūda aide wesimbi.

07 gisurere hafan k'o sung, ya ba i niyalma?

08 jegiyang ni ba i niyalma.

09 hūguwang, jegiyang ni goloi maise ere aniya bahambio?

10 adarame oho be sarkū.

11 irgen yuyure ten de isinahabio?

12 ru ning ni jergi ba i irgen i yuyurengge majige yebe.

【汉文】

尔来时，河道若何？
臣过时，河道如常。

铸钱有宝泉、宝源满字足矣，虽少轻有何不可？
钱价所以贵者，因钱少之故。若所铸既多，则钱价从何而贵？

给事中柯耸何处人？
浙江人。

湖广、浙江今年麦田成熟否？
未知若何。

百姓饥荒至极否？
汝宁等处饥荒犹为未甚。

第4段

【满文】

ᠪᠠᠰᠠ ᠨ ᠠᠮᠪᠠᠨ ᠰᠠᠮᠪᠠᠨᠵᠠᠪ ᠃

ᠪᠠᠶᠠᠨᠳᠠᡳ ᠪᠠᡳᠰᠠᠩᠭᠠ ᠴᠠᠮᠠᡳᠯᠠᠴᠠᡳ ᠂ ᠰᠠᡳᠴᠠᠩᠭᠠ ᠂ ᠶᠠᠮᠠᠨ ᠬᠠᠰᠠᠣᠣᡳ ᠲᠠᠮᠪᠠᠰᠠᡳᠩ

ᠪᠠᠶᠠᠨᠳᠠᡳ ᠪᠠᠶᠠᠰᠠᠩᠭᠠ ᠠᠶᠠᠶᠠᠴᠠ ᠰ ᠮᠠᠨᠳᠠᡳᠨ ᠬᠠᠰᠠ ᠃

ᠵᠣᠳᠠᠨ ᠬᠠᠰᠠ ᠪᠠ ᠃

ᠪᠠᠶᠠᠨ ᠵ ᠪᠠᠶᠠᠨᠳᠠᡳᠪᠠᡳ ᠂ ᠰᠠᠯᠠᡳᠴᠠᠯ ᠬᠠᠮᠠᠯ ᠰ ᠬᠠᠮᠠᠯ ᠬᠠᠴᠠᠰᠠᠴᠠᠶᠠ ᠲᠠᠮᠠᠶᠠᡳᠨ ᠬᠠᠴᠠᠯ ᠣᠪᠠᠶᠠᡳᠨᠰᠠᡳᠯ

ᠶᠠᠮᠠᠨ ᠴᠠᠶᠠᡳ ᠂ ᠮᠠᠮᠣᠰ ᠬᠠᡳᠴᠠᡳᠰᠠ ᠴᠠᡳ ᠂ ᠬᠠᠶᠠᠴᠠᡳᠨ ᠂ ᠰᠠᠶᠠᠨ ᠬᠠᠴᠠᠯᠠᠨ ᠴᠣ ᠴᠠᠮᠠᠶᠠᠨ ᠬᠠᠴᠠᠶ ᠴᠠᡳ ᠮᠠᠶ

ᠰ ᠵᠠᠶᠠᠨᠯ ᠴᠣ ᠮᠠᠴ ᠰᠠᠮᠠᡳᠴᠠᡳᠯ ᠬᠠᠶᠠ ᠵ ᠂ ᠬᠠᡳᠴᠠᡳᠨᠶᠠ ᠂ ᠮᠠᠶᠠᠨ ᠬᠠᠶᠠᠴᠠᡳᠴᠠᡳ ᠴᠣ ᠬᠠᠶᠠᠨ

ᠴᠠᠶᠠᠴᠠᡳᠯ ᠮᠠᡳᡳ ᠮᠠᠮᠠᠰᠠᠴᠠᡳᠨ ᠬᠠᠰᠠ ᠬᠠᠶᠠ ᠵᠠᠨᠶᠠᡳ ᠂ ᠮᠠᠨᠳᠠ ᠴᠣ ᠬᠠᡳᠴᠠᠴᠠᡳᠨ ᠬᠠᠶᠠᠴᠠᡳᠯ

ᠬᠠᠴᠠᠶᠠᡳᠴᠠᡳᠯ ᠮᠠᠶᠠᠴᠠ ᠮᠠᠴ ᠬᠠᡳᠶᠠᠨᠶᠠᠨ ᠴᠣ ᠂ ᠬᠠᡳ ᠮᠠᠶᠠᠴᠠᡳᠶᠠᡳ ᠬᠠᠶᠠ ᠬᠠᠴᠠᠴᠠᡳ ᠬᠠᡳᠴᠠᡳᠶ ᠃

ᠴᠠᠮᠠᡳᠴᠠᡳᠯ ᠴᠣ ᠬᠠᡳᠴᠠᡳᠨ ᠬᠠᠶᠠ ᠮᠠᡳᠶᠠᡳᠨ ᠵᠠ ᠬᠠᠶᠠᠴᠠᡳᠨ ᠴᠠᡳ ᠂ ᠬᠠᠶᠠ ᠴᠣ ᠴᠠᠶᠠᡳ

ᠰᠠᠮᠠᡳᠴᠠᡳᠯ ᠮᠠᡳ ᠬᠠᠮᠠᠴᠠ ᠬᠠᠴᠠᠶᠠᠴᠠᡳ ᠂ ᠬᠠᡳᠴᠠᡳᠯ ᠴᠣ ᠬᠠᠮᠠᡳᠴᠠᡳᠴᠠᡳᠴᠠᡳᠨ ᠬᠠᠮᠠᡳᠴᠠᡳ ᠴᠠᠶᠠ ᠴᠠᠶᠠ ᠃

ᠮᠠᠶᠠᠴᠠᠯ ᠴᠣ ᠬᠠᠮᠠᠴᠠᡳ ᠬᠠᠶᠠᠮᠠᠴᠠᡳ ᠴᠠᠶᠠ ᠬᠠᠴᠠᠶ ᠃

【转写】

beyebe dasara, erdemu be genggiyelerengge, emuo, juweo?

erdemu be genggiyelere be da obuhabi. erdemu be genggiyelerakū bime, beye be dasara be gisureci ojorongge akū. erdemu be genggiyelerengge, uthai beyebe dasarangge ofi, tuttu geli beyebe dasara be da obuhabi seme henduhe-bi.

sara, yabure be emu obufi gisurerengge adarame?

sung gurun i bithei niyalma ju hi i henduhengge, ujen weihuken be leoleci, yabure be ujen obumbi. nenehe amaga be leoleci, sara be nenden obumbi sehebi. ere gisun umesi yargiyan inu. sara yabure be emu obuhangge, amaga jalan i bithei niyalmai šudeme gamaha leolen kemuni jaka bi.

gosin serengge, mujilen i erdemu wakao.

gosin serengge, mujilen i erdemu, gosire i giyan, uttu gisurehede, gosin sere hergen i gūnin teni akūnambi.

【汉文】

修身、明德是一是二？

明德为本，未有德不明而可言身修者。明德便是修身，故又曰修身为本。

知行合一之说何如？

宋儒朱熹云："论轻重行为重，论先后知为先。"此言极为稳实，知行合一乃后儒穿凿之论，毕竟有病。

仁是心之德么？

仁是心之德，爱之理。如此说，仁字之义方完。

【说明】

选自庄吉发编《御门听政：满语对话选粹》，台北：文史哲出版社 1999 年版。

四　《亲征平定朔漠方略》（节选）

第 1 页

【满文】

【转写】

01 neneme dergi hese wasimbuha bade：coohai baita be hese akū

02 oci, ume balai aššara, damu terei aššara arbušara be tuwame

03 saikan seremše, dorgi geren babe ciralame toso, ume weihuken i

04 neneme aššafi coohai baita be dekdebure sehe. geli monggoso

05 aikabade jase de dosinjici, sain i gisurefi jase ci tucibu, ume

06 balai wara seme tacibuha be dahame, amban be cooha gaifi bošome

07 tucibuki seci hese be jurceme fiktu araha de ojorahū sembi. uttu

08 ofi, ing ni hafan tungsereren niyalma be takūrafi, sain gisun i neci-

hiyeme

第 2 页

【满文】

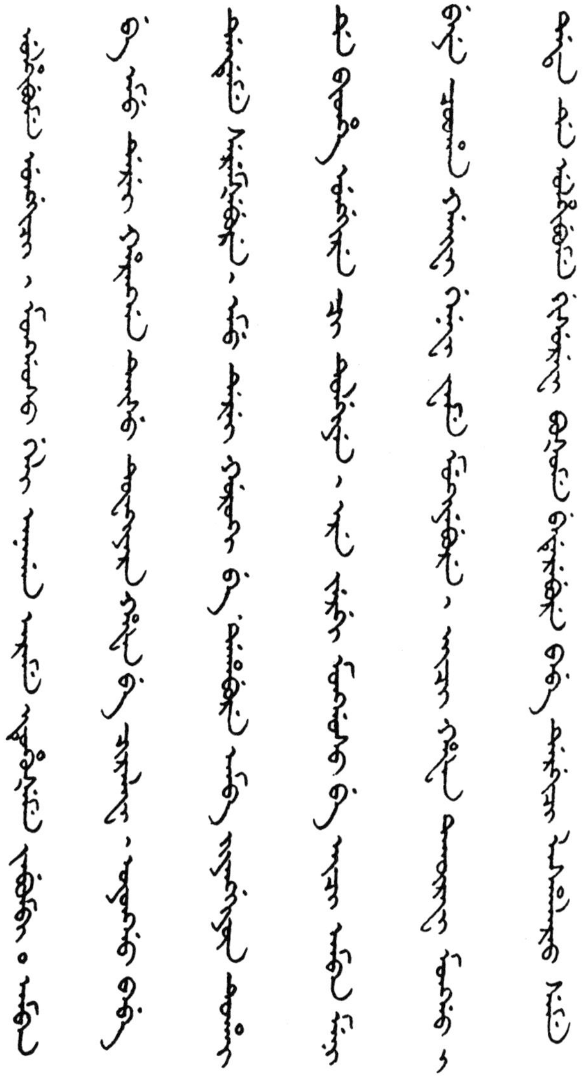

【转写】

09 ulhibume unggici, monggoso geli anagan arame etuhušeme jabumbi.

Amban

10 be emu derei harangga teisu tuwakiyara hafan be ciralafi, oyonggo babe

11 dendeme seremšebure, emu derei goroki be dahabure amba jiyanggiyūn tuhai

12 de bithe unggire ci tulgiyen, ere jergi monggoso be eici amban meni

13 beye cooha gaifi genefi wame mukiyebure, eici hafan takūrafi monggo i

14 data de ulhibume gisurefi bošome bederebure babe dergici lashalarao seme

第 3 页

【满文】

【转写】

15 wesimbuhede，hese amba jiyanggiyūn tuhai i beye ne šansi de bisire

16 be dahame, jasei jakarame ibenjihe monggoso be eici tidu sei beye cooha

17 gaifi genefi bošome bederebure, eici jasei ba i coohai hafan sa de

18 ciralame tacibufi, meni meni teisu babe akdulame tuwakiyabufi, sain mutere

19 hafan be sonjome tucibufi monggo i data de hafukiyame ulhibume gisurefi

20 bošome unggire babe amba jiyanggiyūn tuhai acara be tuwame jorime

第4页

【满文】

【转写】

21 yabukini，ume baita dekdebure sehe.

【汉文】

前蒙圣谕：军务无旨，不得妄动，但视其情形，善为提防，严备内地，毋先轻举，致起兵端。又，有蒙人入寨，当婉谕退回，不得妄杀。臣等欲会兵往逐，恐蹈违旨开衅之愆。故差营弁通事，婉言开谕，彼意抗拒不从。臣等除一面严饬汛守各官分守要害，一面咨抚远大将军图海。此外，或当亲自率兵剿灭，或差官赴其头目处晓谕驱逐，伏惟上裁。疏入。

谕曰：大将军图海身在陕西，其沿边蒙古或令提督等率兵往逐，或严饬边汛官兵各固守汛地，选干练人员至其头目处开诚晓谕，令其退回，著大将军图海酌量行事，毋致生衅。

【说明】

　　选自中国第一历史档案馆编《满文教材》（满汉文），新疆人民出版社 1991 年版。

五　八旗议复

第1页

【满文】

【转写】

01 jakūn gūsai gūsa be kadalara ambasa šun tian fu i fu yen

02 i emge acafi gisurefi dahūme wesimbuhengge, gisurere hafan batu i wesimbuhe

03 bade: tuwaci aniyadari ts'ang neifi bele sindara de puseli neihe hūdai

04 urse teisu teisu bele be udafi iktambume asarafi hūda wesike erinde

05 tucibufi uncambi. ede coohai ursei baire doro de tusa akū be

06 dahame, hūdai ursei bele udafi asarara, coohai ursei bele uncara

07 babe gemu fafularao sehebi. baicaci puseli neihe hūdai urse udu bele

08 be udafi asaracibe, bele kemuni ging hecen de bimbi, tere anggala ging

09 hecen de tehe urse gemu ts'ang ni bele de akdafi banjimbi. coohai ursei

10 bele be fuhali gemu uncaburakū oci, belei hūda nememe wesire be boljoci

11 ojorakū. batu i ere wesimbuhe babe gisurere ba akū. ereci amasi

12 niowanggiyan šanggiyan arsari ucuri belei hūda wesike erinde, ehe hūdai urse

13 yadara irgen be ergeleme akabume mangga hūda gaime bele uncarangge bisire

14 be boljoci ojorakū. alban i hūda toktobufi uncabuki. coohai ursei

15 bele aika yargiyan i fulu funcerengge bici, inu uncabuki. aikabade ulhicun

16 akū coohai urse jetere de tesure be bodorakū, bele be yooni uncar-angge

17 bici harangga jalan i janggin, nirui janggin, funde bošokū sede afabufi

第 2 页

【满文】

【转写】

18 isebukini seme wesimbuhe. hūwaliyasun tob i sucungga aniya suja biyai

19 ice jakūn de hese gisurehengge：sain，erei songkoi yabubu sehe.

【汉文】

八旗都统与顺天府府尹议覆，据给事中巴图奏称：看得每年开仓放米时，铺户贾人纷纷买米囤积，价涨时售出。此事既于兵丁生计无益，则贾人囤米、兵丁卖米等情，具请约束。等语。

据查，铺户贾人虽买米囤积，然米仍在京城，况且城里人均以仓米为生。倘若兵丁之米完全不准出售，反致米价上涨，亦未可知。故巴图所奏毋庸议矣。

嗣后遇青黄不接，米价上涨之时，为防奸商勒捎贫民、高价售卖，请酌订官价，准予出售。若兵丁之米实有盈余者，亦准售之。若有无知兵丁不计口粮足否而全部售出，则交参领、佐领、骁骑校惩处，等因，具奏。

雍正元年五月初八日奉旨：所议甚是，照此施行。钦此。

【说明】

选自中国第一历史档案馆编《满文教材》（满汉文），新疆人民出版社 1991 年版。

六　八旗条陈

第 1 页

【满文】

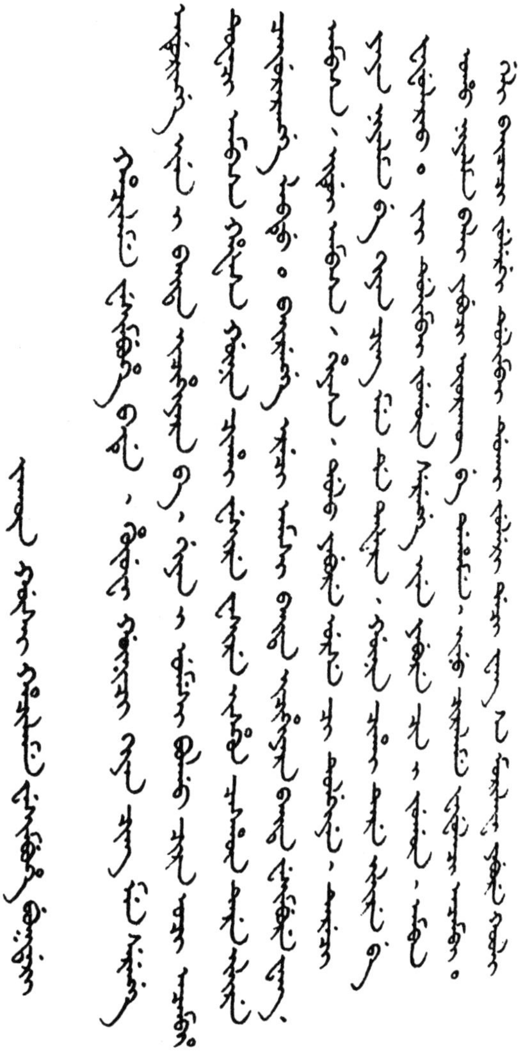

【转写】

01 jakūn gūsai hacilame wesimbuhe bukdari

02 hacilame wesimbuhe bade, hujufi gūnici kiyan cing men serengge

03 enduringge ejen i baita icihiyara ba, giyan i umesi bolgo cira oci acambi.

04 tuwaci ambasa hafasa gūnin cihai wesire ishun cashūn tere ilire

05 canjurarangge labdu. bairengge ereci amasi baita icihiyara baita wesimbure wang、

06 ambasa、idui ambasa、hiyasa、dolo yabure urse ci tulgiyan, tereci yaya niyalma be kiyan cing men de tafara、gūnin cihai tere ilire be

07 fafularao. jai dulimbai jugūn serengge ejen yabure cin i jugū, amban

08 oho niyalma balai yabuci ojorakū be dahame, inu ciralame fafulaci acambi.

09 geli baicaci julergi dulimbai dukai juleri daci wang sa morilafi yabure kooli

第 2 页

【满文】

【转写】

10 bihe. te tuwaci ememu wang sa giyoo defi yaburengge bi, umesi acahakū

11 be dahame bairengge, ereci amasi julergi dulimbai dukai juleri giyoo tefi

12 yabure be ciralame fafularao seme wasimbuhe.

13 hūwaliyasun tob isucungga aniya jorgon biyai ice de hese: er

14 wesimbuhengge umesi inu. wesimbuhe songkoi hiya kadalara dorgi amban, idui

15 janggin, galai amban, tui janggi sade afabufi ciralame dahame yabubu, uheri

16 baita be icihiyara wang ambasa ton akū baica, jurceme yaburengge bici,

17 gebu be jorime wakalame wesimbu sehe.

【汉文】

条陈内称:

伏惟乾清门乃圣主听政之地,理应十分肃静。

看得大臣、官员等任意上下,向背坐立,相互作揖者甚多。

仰请降谕,嗣后除办事、奏事之王大臣、该班大臣、侍卫、在内行走之人外,严禁其余人员擅登乾清门,任意坐立。

再,甬道乃御路,臣工不可妄自行走,亦应一并严饬。

又查,午门前向有王等骑马而行之例,今看得或有乘轿而行者,殊属不合。

伏乞嗣后严禁于午门前乘轿而行。

等因奏入。

雍正元年十二月初一日奉旨:

此奏甚是。

照此交付领侍卫内大臣、值班章京、前锋统领、护军统领等严加遵行,着总理事务王、大臣等不时稽查,若有违禁者,即指名参奏。钦此。

【说明】

选自中国第一历史档案馆编《满文教材》（满汉文），新疆人民出版社 1991 年版。

七　上谕八旗

第 1 页

【满文】

【转写】

01 meiren i janggin han yong giyei i wesimbuhe bade：te tuwaci,

02 jakūn gūsai coohai urse kemuni gucu sebe guilefi, ilan sunja niyalma

03 acafi, iowan guwan de genefi sargašame efime，arki nure omime balai

04 yabume isinarakū ba akū. jai hafasa serengge cohotoi coohai urse be

05 kadalara niyalma bime inu iowan guwan de genefi omime soktofi balamadame arbušambi.

06 ede mamgiyame fayabumbi sere anggala hafan i doro be inu ambula gūtubumbi.

07 amban mini bairengge jakūn gūsade cohotoi hese wasimbufi, hafan cooha be

第 2 页

【满文】

【转写】

08 bodorakū, aikabade iowan guwan de dosirengge bici, eici hetu

niyalma gercileme

09 tucibure eici harangga gūsaci baicame tucibure ohode, coohai urse oci

10 tantafi nakabufi, hafan oci uthai wakalafi weile arabuki. uttu ohode niyalma

11 tome gelere targara be safi, balai mamgiyame fayara baita akū ombime, gūsai

12 urse baire de ambula tusa ombi seme wesimbuhe. hūwaliyasun tob i jai

13 aniya ilan biyai orin suinde hese：jakūn gūsai ambansa, ere wesimbuhe

14 songkoi unenggi gūnin i dahame yabu, ere akū ciralame baica, harangga urse

15 be tacibu. aikabade untuhun gisun obufi, ainame ainame alban kara oci,

16 bi encu baicame tucibuhe manggi, harangga kadalara amban be ujeleme weile

17 arabuki sehe.

【汉文】

据副都统韩勇介奏称：

窃臣看得，仍有八旗兵丁邀友结伴，三五成群，擅入园馆玩耍，狂饮妄为，无所不至。

官员乃为管辖兵丁之人，亦私入园馆，醉饮妄为，不但靡费银两，且有辱吏道。

臣请特谕八旗，无论官兵，凡有入园者，或经旁人出首，或者该旗查出，若系兵丁，即予笞革；若系官员，即参奏议罪。

如此，则人人戒惧，不仅杜绝靡费，且于兵丁生计大有裨益。

等因奏入。

雍正二年三月二十五日奉旨：着八旗大臣等照此所奏，竭诚遵办，不时严查，并训谕该管兵丁。若视为具言，苟且塞责，朕查出后，着该管大臣从重治罪。

【说明】

选自中国第一历史档案馆编《满文教材》（满汉文），新疆人民出版社 1991 年版。

八　奏折

第 1 页

【满文】

【转写】

01 abkai wehiyehe i susai jakūci aniya omšon biyai juwan ninggun de

02 aha langgan igiyangga ginguleme wesimburengge, butame baha gu wehe be gemun

03 hecen de benebure jalin. baicaci ere aniya yerkiyang ni bira de butame

04 baha gu wehe uyun tanggu nadanju duin farsi, hotayan ci butame baha duin

05 minggan duin farsi, hoise sei siran siran i afabuha dehi jakūn farsi,

06 uhei gu wehe suja minggan orin ninggun farsi be ahasi tuwame saikan akduleme

07 uhufi ilan meyen banjibufi, uju jai meyen be aniya jaluka ilhi bayarai jalan i

08 janggin šanfu, juwan i da fujy, ilaci meyen be jai jergi hiya henkei de

09 afabufi, omšon biyai juwan ninggun i jergi inenggi de yerkiyang ci jurambufi

10 gemun hecen de benebuhe. boco ginggen i ton be encu afaha arafi gingguleme

11 tuwabume ibebuheci tulgiyan hotiyan i butaha gu wehe i dorgi boco majige

12 saingge be juwan jakūn farsi sonjome tucibufi neneme ibebuki seme lii ši

第 2 页

【满文】

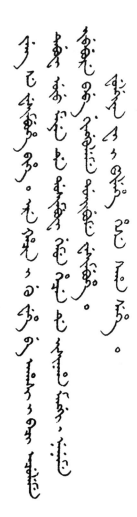

【转写】

13 jeng se wesimbuhe bihe. ere hacin i gu wehe be ahasi i baci en-culeme

14 tebufi uju meyen de dosimbufi gemun hecen de isinaha manggi, nen-eme

15 ibebure babe gingguleme donjibume wesimbuhe.

16 fulgiyan fi i pilehe hese saha sehe.

【汉文（节选）】

乾隆五十八年十一月十六日

……谨奏：为将采得玉石送往京城事。

据查，今年叶尔羌河中采得玉石九百七十四块，和田采得四千零四块，……陆续交来四十八块，共得玉石五千零二十六块。……监视妥善包装，分三队呈送。

第一、二队着派（任职）年满之副护军参领善福、护军校富志，第三队着派二等侍卫贺恩克伊，于十一月十六日前后自叶尔羌启程，送往京城。除将色泽、重量另单恭呈御览外，据李士正等奏称：拟将和田所采玉石选出色泽良好者十八块，先行进呈等情。该项玉石由奴才处另行包装，着交第一队，俟抵京之后，先予进呈。谨此奏闻。

……

【说明】

选自中国第一历史档案馆编《满文教材》（满汉文），新疆人民出版社 1991 年版。

第四章　翻译古文选读

一　《鹿鸣》

第1页

【满文】

【转写】

01 irgebun i nomun duici debtelin

02 ajige šunggiya jai

03 buhū mung mung seme murame, bigan i suiha jembi.

04 mini sain antaha de, šentuhen fitheme baksangga ficakū gocimbi.

05 baksangga ficakū gocime senggele kuwembume, šoro be tukiyeme jafafi

06 kundulembi. niyalma mimbe buyeme, minde amba doro be tuwabumbi.

第 2 页

【满文】

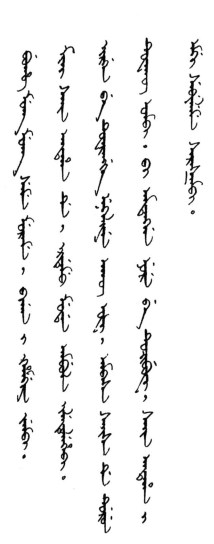

【转写】

07 buhū mung mung seme murame, bigan i hamgiya jembi.

08 mini sain antaha de, erdemu mudan ambula iletulehebi.

09 irgen be tuwarangge nekeliyen akū ofi, ambasa saisa de durun

10 tuwakū ombi. bi amtangga nure be tucibufi, sain antaha i

11 emgi sebjeleme sarašambi.

第3页

【满文】

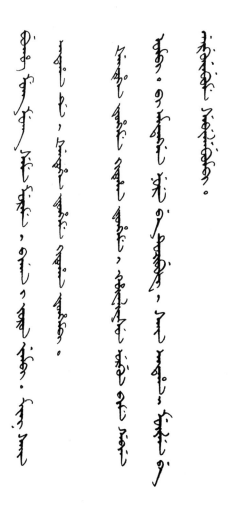

【转写】

12 buhū mung mung seme murame, bigan i joron jembi. mini sain

13 antaha de, šentuhen fitheme kituhan fithembi.

14 šentuhen fitheme kituhan fitheme, hūwaliyasun urgun bime sebjen

15 ombi. bi amtangga nure be tucibufi, sain antaha i mujilen be

16 urgunjebume sebjelebumbi.

【汉文原文】

呦呦鹿鸣，食野之苹。我有嘉宾，鼓瑟吹笙。
吹笙鼓簧，承筐是将。人之好我，示我周行。

呦呦鹿鸣，食野之蒿。我有嘉宾，德音孔昭。
视民不恌，君子是则是效。我有旨酒，嘉宾式燕以敖。

呦呦鹿鸣，食野之芩。我有嘉宾，鼓瑟鼓琴。
鼓瑟鼓琴，和乐且湛。我有旨酒，以燕乐嘉宾之心。

【说明】

此篇选自满汉合璧《诗经·小雅》，格式对仗，朗朗上口。原文晦涩之词在满文中也做了很好的诠释。熟读甚至背诵其中佳句，练习两种文字互译，对满文文献阅读很有帮助。

二 《诫子书》

第 1 页

【满文】

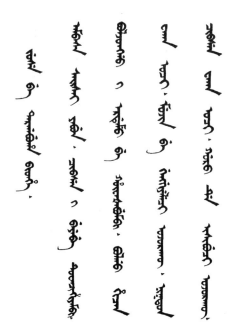

【转写】

01 juse be targabuha bithe

02 ambasa saisai yabun, cibsen i beyebe tuwancihiyambi.

03 boljonggo i erdemu be hūwašabumbi. bolgo hican

04 waka oci, mujin be genggiyeleci ojorakū, nikton

05 cibsen waka oci, goro de isibuci ojorakū.

第 2 页

【满文】

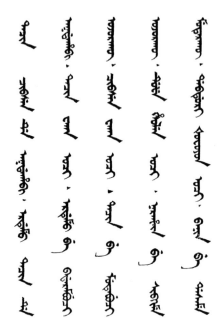

【转写】

06 tacin cibsen de akdahabi, erdemu tacin de

07 akdahabi. tacin waka oci, erdemu be badarambuci

08 ojorakū, cibsen waka oci, tacin be mutebuci

09 ojorakū. dufe heolen oci, narhūn be sibkime

10 muterakū, dabduri šofoyon oci, banin be dasame

第 3 页

【满文】

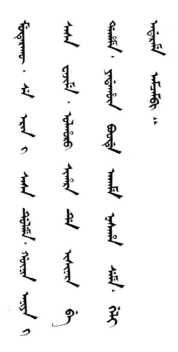

【转写】

11 muterakū. se erin i sasa duleme, gūnin aniya i

12 sasa wajime, olhoro sihara de isinara be

13 dahame, yadahūn boode akame nasaha seme, geli

14 adarame amcambi.

【汉文原文】

诫子书

君子之行，静以修身，俭以养德。非淡泊无以明志，非宁静无以致远。夫学须静也，才须学也。非学无以广才，非志无以成学。淫慢则不能励精，险躁则不能治性。年与时驰，意与日去，遂成枯落，多不接世，悲叹穷庐，将复何及。

【说明】

本篇选自满汉合璧《三国志》。

三　《隆中对》

第 1 页

【满文】

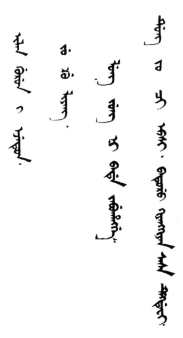

【转写】

01 ilan gurun i ejetun

02 ju g'o liyang

03 long jung ni bade jabuhangge

04 dong jo ci ebsi, baturu kiyangkiyan sasa dekdefi,

第 2 页

【满文】

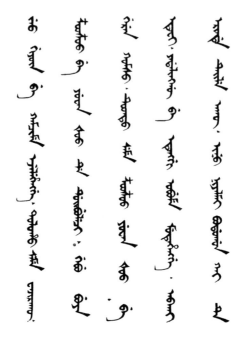

【转写】

05 jeo giyūn be kamcime ejelehengge, toloho seme wajirakū.

06 ts'oots'oo be yuwan šoo de duibuleci, gebu buya

07 geren komšo, tuttu seme ts'oots'oo yuwan šoo be

08 etefi, yadalinggū be etenggi obume mutehengge, abkai

09 erude teile akū, inu niyalmai bodogon kai. te

第 3 页

【满文】

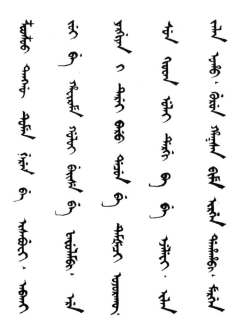

【转写】

10 ts'oots'oo tanggū tumen geren be isabufi, abkai

11 jui be hafirame goloi beise be fafulambi. ere

12 yargiyan i terei baru dacun be temšeci ojorakū.

13 sun kiowan ulai dergi ba be ejelefi, ilan

14 jalan oho, gurun haksan bime irgen dahahabi. mergen

第 4 页

【满文】

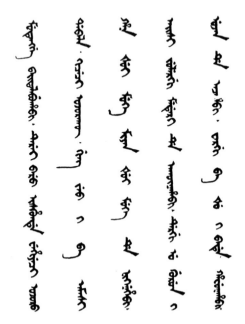

【转写】

15 mutengge baitalabuhabi. terei baru ishunde wehiyeci ojoro

16 dabala kiceci ojorakū. ging jeo i ba amasi

17 han šui muke miyan šui muke de nikenehebi.

18 aici julergi mederi de akūnahabi. dergi u gurun i

19 ujan de acahabi. wargi ba šu i bade hafunahabi.

第 5 页

【满文】

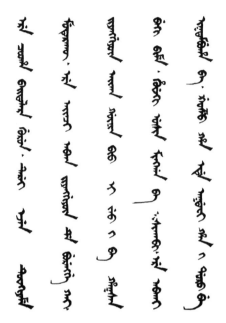

【转写】

20　ere cooha baitalara gurun, terei ejen tuwakiyame

21　muterakū, ere ainci abka jiyanggiyūn de burengge kai.

22　jiyanggiyūn aika gūnin bio. i jeo i ba haksan

23　beki bime, huweki usin minggan ba isikabi, ere abkai

24　iktambuha ba, g'aodzu han ede akdafi han i doro be

第6页

【满文】

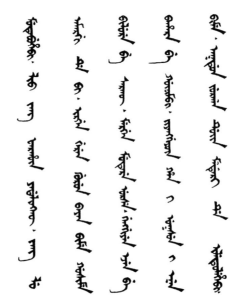

【转写】

25 mutebuhebi. lio jang farhūn yadalinggū, jang lu

26 amargi de bi. irgen geren gurun bayan bime, gosime

27 bilure be sarakū. mergen mutere urse, genggiyan ejen be

28 bahara be gūnimbi. jiyanggiyūn han i uksun i enen

29 bime, akdun jurgan duin mederi de iletulehebi.

第7页

【满文】

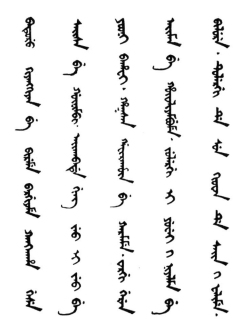

【转写】

30 baturu kiyangkiyan be bireme bargiyame, kangkaha gese

31 saisa be gūnimbi. aikabade ging jeo i jeo be

32 yooni bahafi, haksan hafirahūn be karmame, wargi geren

33 aiman be hūwaliyambume, julergi i yuwei i niyalma be

34 bilure, tulergi de sun kiowan de sain i falime,

第 8 页

【满文】

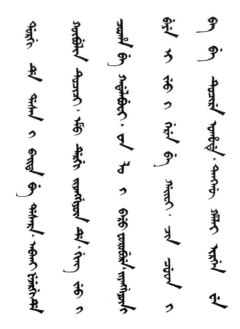

【转写】

35 dorgi de dasan i baita be dasara, abkai fejergi de

36 kūbulin tucici, emu dergi jiyanggiyūn de ging jeo i

37 cooha be kadalabufi, wan lo i baru forobure, jiyanggiyūn i

38 beye i jeo i geren be gaifi, cin cuwan i

39 ba be tucire ohode, tanggū halai irgen we

第 9 页

【满文】

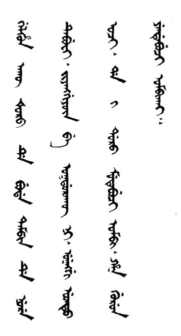

【转写】

40 gelhun akū šoro de buda tampin de ure

41 tebufi, jiyanggiyūn be okdorakū ni, unenggi uttu

42 oci, da i doro mutebuci ombi, han gurun

43 yendebuci ombikai.

【汉文原文】

诸葛亮《隆中对》（选自《三国志》）

自董卓以来，豪杰并起。跨州连郡者不可胜数。曹操比于袁绍，则名微而众寡。然操遂能克绍，以弱为强者，惟天时抑亦人谋者也。

今曹操已拥百万之众，挟天子以令诸侯，此诚不可与争锋。

孙权据有江东，已历三代，国险而民附，贤能为之用。此可以为援而不可图也。

荆州北据汉沔，利尽南海，东连吴会，西通巴蜀。此用武之国。而其主不能守，此殆天所以资将军！将军岂有意乎？

益州险塞，沃野千里，天府之土。高祖因之以成帝业。刘璋暗弱，张鲁在北。民殷国富，而不知存恤。智能之士，思得明君。

将军既帝室之胄，信义著于四海。总揽英雄，思贤如渴。若跨有荆益，保其岩阻。西和诸戎，南抚夷越，外结好孙权，内修政理，天下有变，则命一上将将荆州之军以向宛洛，将军身帅益州之众出于秦川，百姓孰敢不箪食壶浆以迎将军者乎？诚如是，则霸业可成，汉室可兴矣。

【说明】

本篇选自《翻译古文》卷五下，咸丰元年刻本。

四　《岳阳楼记》

第1页

【满文】

【转写】

01 fan jung yan

02 yo yang taktu i ejebun

03 king lii i duici aniya niyengniyeri

04 teng ts'i ging be wasibufi ba ling

05 giyūn i taišeo hafan obuha, jai aniya

第 2 页

【满文】

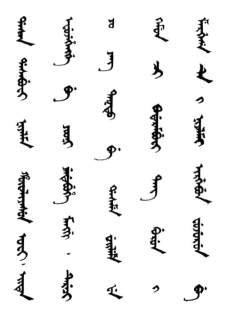

【转写】

06 dasan dasabufi niyalma hūwaliyasun ofi, eiten

07 efujehengge be yooni yendebuhe mangge, tereci

08 yo yang taktu be dasame weileme, fe

09 kemun ci badarambufi, tang gurun i

10 mergese te i niyalmai irgebun fujurun be

第 3 页

【满文】

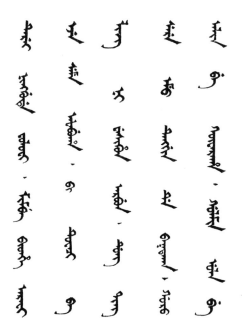

【转写】

11 terei ninggude folofi, mimbe bithe arafi

12 eje seme afabuha, bi tuwaci ba

13 ling ni wesihun arbun, dung ting

14 sere emu tenggin de baktaka, goro

15 alin be kūwaraha, gulmin ula be

第 4 页
【满文】

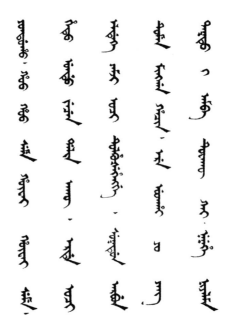

【转写】

16 yondoho, hoo hoo seme hūwai seme,

17 hetu undu jecen dalin akū, erde oci

18 eldeke yamji oci tulhušehengge, sukdun arbun

19 tumen minggan hacin, ere uthai yo yang

20 taktu i amba tuwakū kai, nenehe niyalma

第 5 页

【满文】

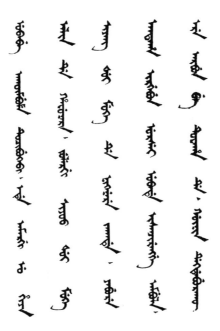

【转写】

21 ubabe akūmbume tucibuhebi, ede amargi u hiya

22 alin de hafunara, julergi siyoo šui muke

23 siyang šui muke de niknere jakade, yabure

24 antaha irgebun ursei ubade isanjirengge ambula,

25 ere arbun be tuwaha de, gūnin dekdeburakū

第 6 页

【满文】

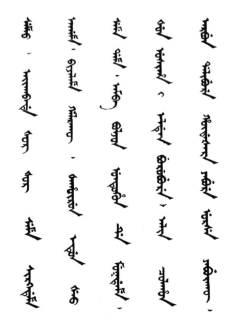

【转写】

26 semeo, aikabade šor šor seme sirkedeme

27 agame, biyalame galarakū, šahūrun edun šeo

28 seme dame, amba boljon untuhun de mukdeme,

29 šun usiha i elden burubure, alin colhon

30 arbun dalibure hūdašara yabure urse yaburakū,

第7页

【满文】

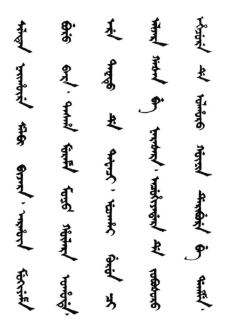

【转写】

31 silten naihūre selbi biyara, arhūn mukiyeme

32 buru bara, tasha murme monio hūlara ohode,

33 ere taktu de tafaci, uthai gurun ci

34 aljara gašan be narašara, acuhiyadara de jobošoro

35 ehecure de olhoro gūnin deribure be dahame,

第 8 页

【满文】

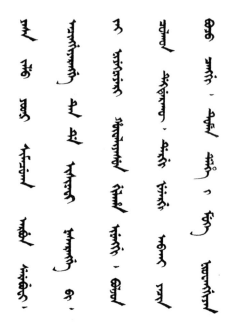

【转写】

36 yasa jalu yooni simacuka arbun serebufi,

37 acinggiyarangge ten de isinafi nasarangge bi,

38 jai niyekniyeri hūwaliyasun gilaha inenggi, boljon

39 colkon dekderakū, dergi fejergi abkai yacin

40 boco canggi, tumen delhe i muke niowanggiyan

第9页

【满文】

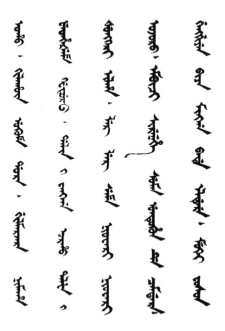

【转写】

41 oho, kilahūn ukume dora, gilmarjara nimaha

42 fethešeme godoro, dalin i wangga orho talfa i

43 šungkeri ilha, ler ler seme niowari niowari

44 ojoro, embici sirenehe suman untuhun de camdara,

45 genggiyen biya mingga bade eldere, mukei fosun

第 10 页

【满文】

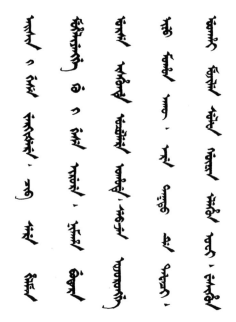

【转写】

46 aisin i gese jerkišere, cib sere helmen

47 mukeliyengge gu i gese irure, nimaha butara

48 urse ishunde uculere ohode, sebjen ojorongge

49 inu mohon akū, ere taktu de tafaci,

50 uthai mujilen sulra gūnin elehun ofi, wesihun

第 11 页

【满文】

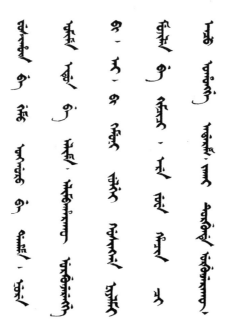

【转写】

51 fusihūn be gemu onggoro be dahame, nure

52 omime edun be alime, alimbaharakū urgunjerengge

53 bi, ai, bi kemuni julgei gosingga niyalmai

54 mujilen be kimcici, ere juwe hacin ci

55 encu ohongge adarame jakai turgunde urgunjerakū.

第 12 页

【满文】

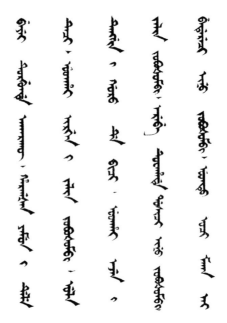

【转写】

56 beyei turgunde akarakū, hargašan yamun i dele

57 teci, uthai irgen i jalin jobošombi, ula

58 tenggin i goro de bici, uthai ejen i

59 jali jobošombi, erebe tuwahade dosici inu jobošombi,

60 bedereci inu jobošombi, uttu oci maka ai

第13页

【满文】

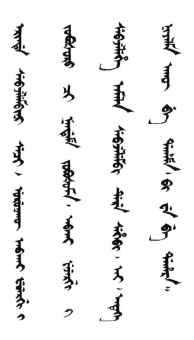

【转写】

61 erende sebjelembini seci, urunakū abkai fejergi i

62 jobošoro ci nendeme jobošome, abkai fejergi i

63 sebjelehe amala sebjelembi dere sehebi, ai, enteke

64 niyalma akū be dahame, bi we be dahara.

【汉文原文】

庆历四年春，滕子京谪守巴陵郡。越明年，政通人和，百废具兴。乃重修岳阳楼，增其旧制，刻唐贤今人诗赋于其上，属予作文以记之。

予观夫巴陵胜状，在洞庭一湖。衔远山，吞长江，浩浩汤汤，横无际涯，朝晖夕阴，气象万千，此则岳阳楼之大观也，前人之述备矣。然则北通巫峡，南极潇湘，迁客骚人，多会于此，览物之情，得无异乎？

若夫淫雨霏霏，连月不开，阴风怒号，浊浪排空，日星隐曜，山岳潜形；商旅不行，樯倾楫摧，薄暮冥冥，虎啸猿啼。登斯楼也，则有去国怀乡，忧谗畏讥，满目萧然，感极而悲者矣。

至若春和景明，波澜不惊，上下天光，一碧万顷，沙鸥翔集，锦鳞游泳，岸芷汀兰，郁郁青青。而或长烟一空，皓月千里，浮光跃金，静影沉璧，渔歌互答，此乐何极！登斯楼也，则有心旷神怡，宠辱偕忘，把酒临风，其喜洋洋者矣。

嗟夫！予尝求古仁人之心，或异二者之为，何哉？不以物喜，不以己悲。居庙堂之高则忧其民，处江湖之远则忧其君。是进亦忧，退亦忧。然则何时而乐耶？其必曰"先天下之忧而忧，后天下之乐而乐"乎！噫！微斯人，吾谁与归？

【说明】

本文选自《翻译古文》卷十五，咸丰元年刻本。

附　录

一　雍正朝上谕

ᠵᠠᡵᠯᡳᡤ ᠪᡝ ᠴᡳᠩ ᡤᡠᡵᡠᠨ ᡳ
ᡝᠵᡝᠨ ᠶᠣᠩᠵᡝᠩ ᡳ
ᡥᠠᠨ ᠨᡳ ᡝᠯᡝᡳ ᠵᠠᡵᠯᡳᡤ
ᠪᡝ ᠰᡝᠯᡤᡳᠶᡝᠮᡝ
ᠠᠯᠠᠮᠪᡳ᠂ ᡝᡝᡳᠰᡳ
ᠰᡳᠮᠨᡝᠨ ᠮᠠᠨᠵᡠ ᠪᠣᠣ

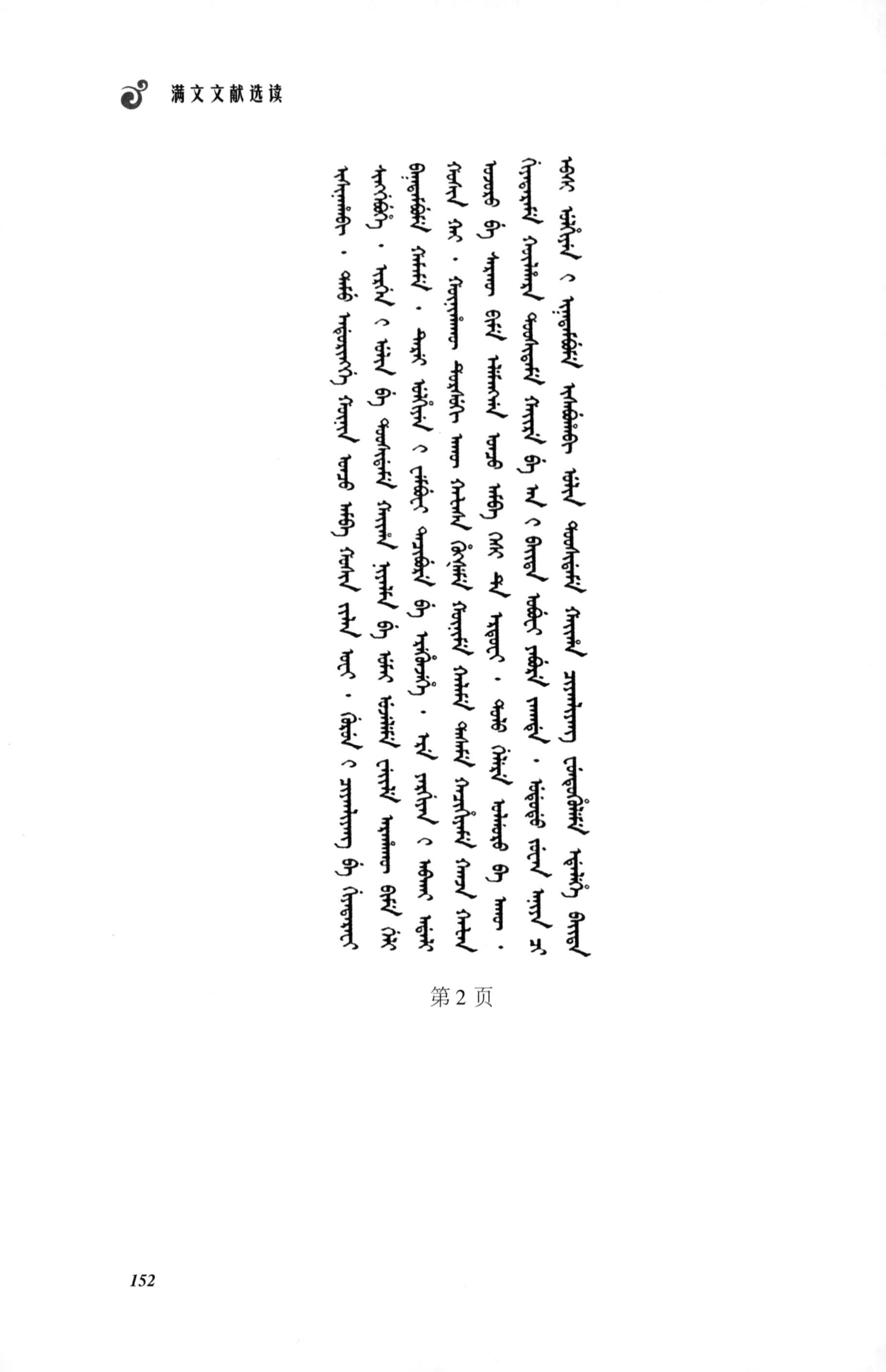

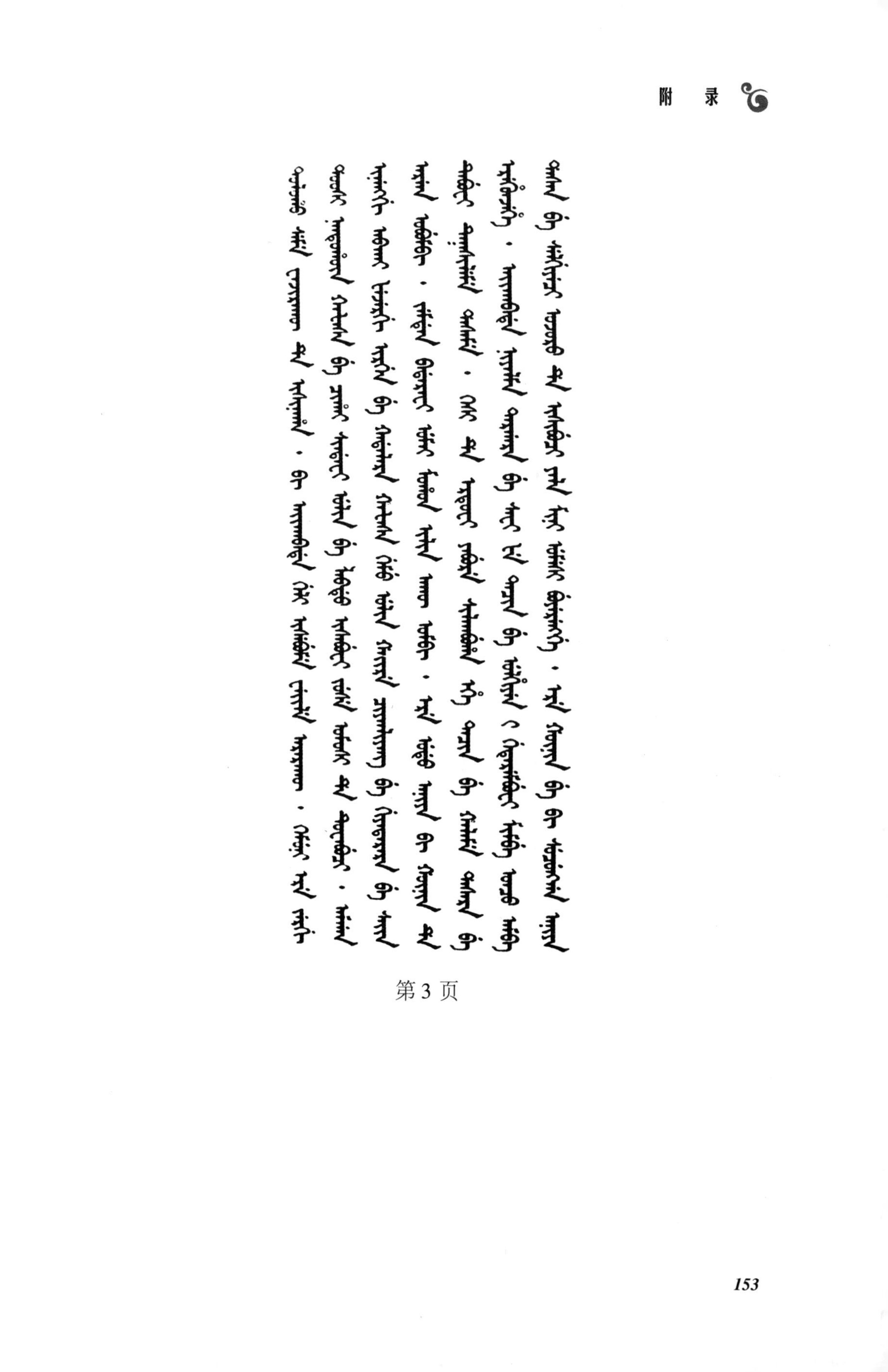

ᠮᠠᠨᠵᡠ

ᡳᠯᡳ

第 4 页

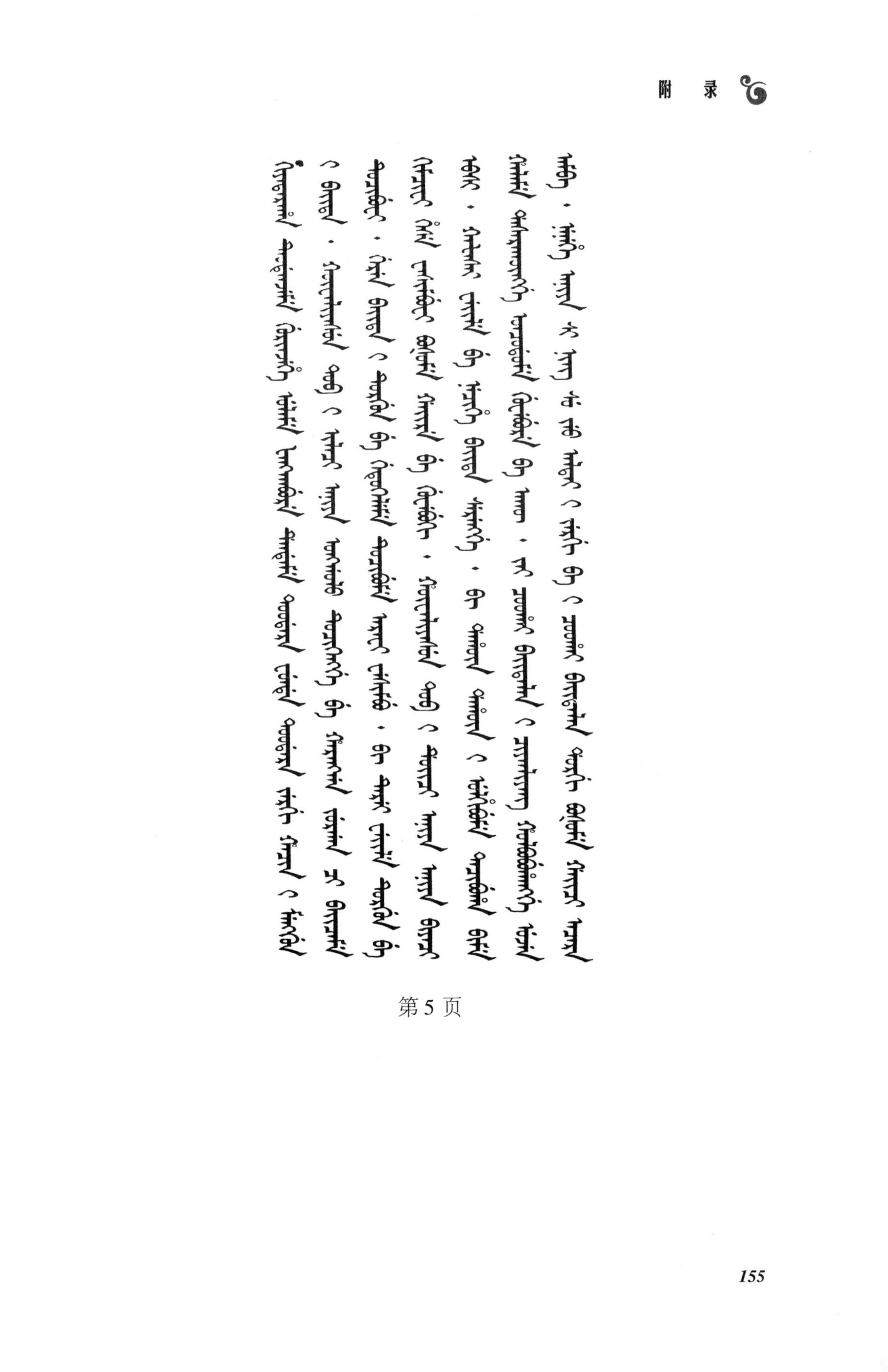

ᠪᡳᡨᡥᡝᡳ
ᠪᡳᡨᡥᡝᡳ

第 6 页

ᠮᠣᠩᠭᠣᠯ ᠪᠢᠴᠢᠭ

第 7 页

【汉文】

　　从来查吏之道，莫先于奖廉惩贪。盖贪黩之风不息，则上亏国课，下剥民膏，其为吏治、人心之害者甚大，不止关系钱粮而已。我考圣祖仁帝澄叙万方，深恶贪吏之蠹国病民，所以警训饬之者至矣。祇以圣心宽大慈祥，未曾将侵蚀国帑、贪取民财之人置之重典，姑且包涵，望其徐徐感化，此实如天之仁也。乃不肖官员等，不但不知感激悛改，免为廉吏，且恃有宽大之恩，心无畏惧，将侵盗贪墨视为固然。数十年来，日积月累，亏空婪赃之案不可胜数。朕若再不加惩治，仍容此等贪官污吏拥厚资以长子孙，则将来天下有司皆以侵课纳贿为得计，其流弊何所底止。是以数年来，朕加意整顿，以冀转移恃恩积玩之风。若果人心知儆，旧习渐除，令朕可以施宽大之政，乃朕之至愿也。此意，朕元年、二年即曾屡向左右大臣等密言。今观各省吏治，虽未能彻底厘清，显然贪赃枉法及侵盗钱粮之事显著减少。由此，各员改弦更张之势颇符朕之期望，并非不可教化，朕宽大对待之本意亦当得显扬。今欲大沛恩膏，将远年承追之项酌量豁免。着将各直省官员名下应追赃银及侵欺挪移，留抵分赔代赔等项银两事，在雍正三年以前已经发觉者，该部查出，将各案情由明白开注，俟朕酌其情罪，降旨免追。其自雍正四年正月以后各员犯罪之案，乃朕屡经训谕而不悛改者，不准宽免。至于军务钱粮，关系重大，其昔年西宁、肃州、阿尔泰（等地）军需等案内，应追银两虽在雍正三年以前，亦不准豁免。此次施恩，乃朕仰体圣祖仁帝宽大至意，爰施法外之仁，岂但本人及其子孙免追，比之若获再生之庆，当铭心刻骨，感怀交深。即承追之地方，在官员则得免于处分，在胥役亦得免于杖责。案牍减省，事简刑清，莫不受国家宽大之赐，咸当感激警醒，互相劝勉，以循良为楷模，以贪墨为鉴戒，则大小官吏永远共沐国恩。倘因逾格宽宥，转启玩法之心，复蹈从前之辙，则旷典岂可再邀，国宪岂能再免。且背天逆理，莫此为甚，亦断不能逃上天之谴责也。特谕。钦遵。

【说明】

选自关嘉禄、佟永功《简明满文文法》，辽宁民族出版社 2002 年版。

二　韩愈《进学解》

ᠪᠠᠶᠢᠮᡝᡳ ᠂ ᠠᠯᡳᠨ ᠪᠠᠶᠠᠨ ᠠᠯᡳᠶᠠᠮᠪᡳᡥᠠ ᠮᠠᠨᡵᠠᠮᠪᡳ ᠊

第 1 页

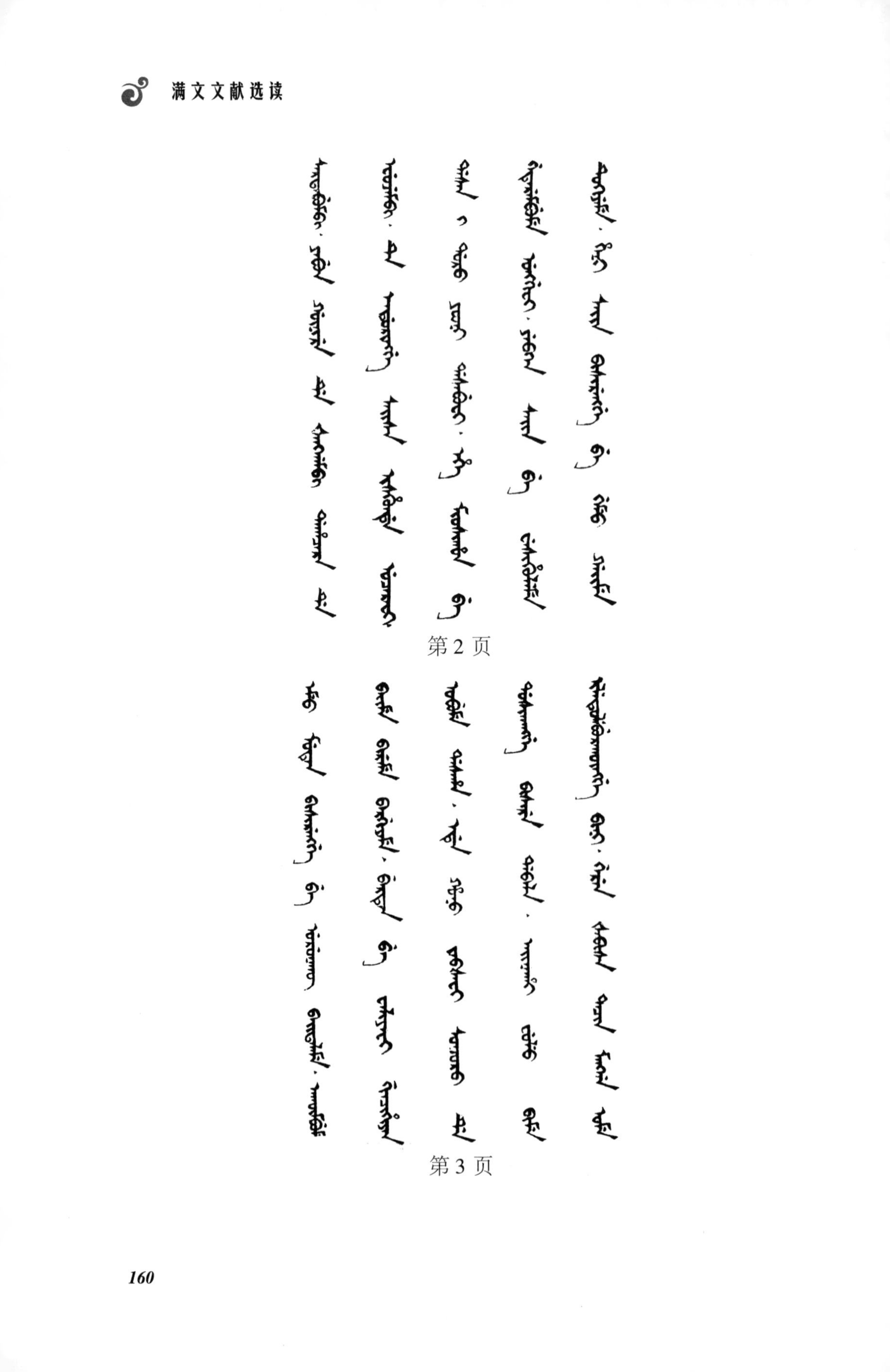

[illegible]

第 4 页

[illegible]

第 5 页

第 6 页

第 7 页

ᠪᠠᠢᠢᠨ᠎ᠠ᠂ ᠲᠡᠷᠡ ᠪᠡᠷ ᠲᠡᠷᠡ ᠪᠡᠷ ᠪᠠᠢᠢᠨ᠎ᠠ᠂ ᠲᠡᠷᠡ ᠪᠡᠷ ᠲᠡᠷᠡ ᠪᠡᠷ ᠲᠡᠷᠡ ᠪᠡᠷ ᠲᠡᠷᠡ ᠪᠡᠷ᠃

第 8 页

ᠪᠠᠢᠢᠨ᠎ᠠ᠂ ᠲᠡᠷᠡ ᠪᠡᠷ ᠲᠡᠷᠡ ᠪᠡᠷ ᠪᠠᠢᠢᠨ᠎ᠠ᠂ ᠲᠡᠷᠡ ᠪᠡᠷ ᠲᠡᠷᠡ ᠪᠡᠷ ᠲᠡᠷᠡ ᠪᠡᠷ ᠲᠡᠷᠡ ᠪᠡᠷᠬ᠃

第 9 页

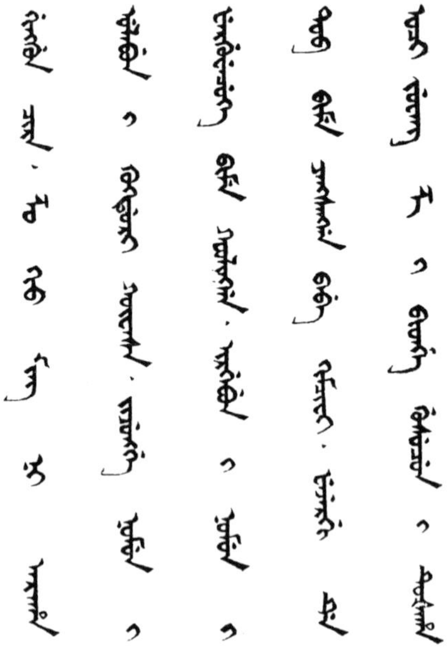

ᠮᠠᠨᠵᡠ ᠪᡳᡨᡥᡝ

第 10 页

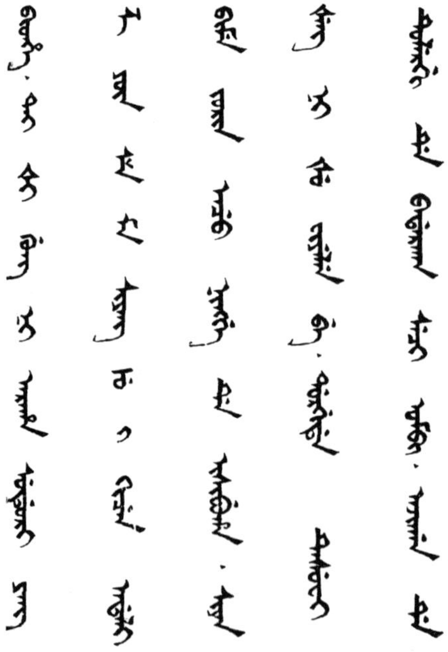

第 11 页

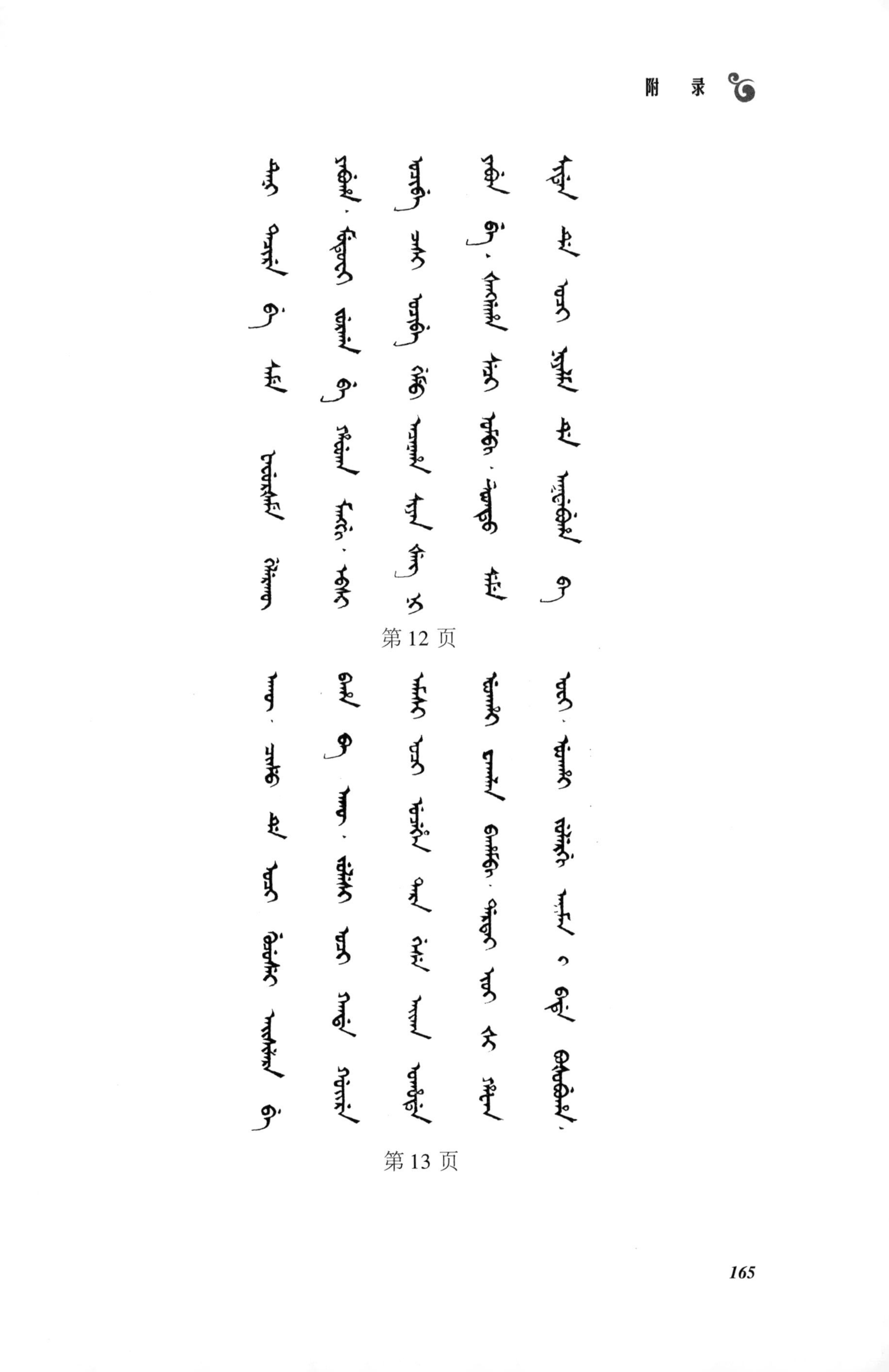

第 12 页

第 13 页

ᠮᠠᠨᠵᡠ ᠪᡳᡨᡥᡝ

第 14 页

ᠮᠠᠨᠵᡠ ᠪᡳᡨᡥᡝ

第 15 页

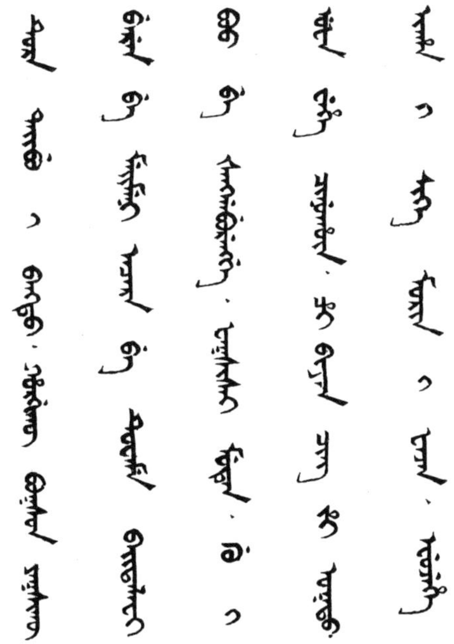

ᠮᠣᠩᠭᠣᠯ ᠪᠢᠴᠢᠭ᠌ ᠦᠨ ᠬᠡᠰᠡᠭ

第 16 页

ᠮᠣᠩᠭᠣᠯ ᠪᠢᠴᠢᠭ᠌ ᠦᠨ ᠬᠡᠰᠡᠭ

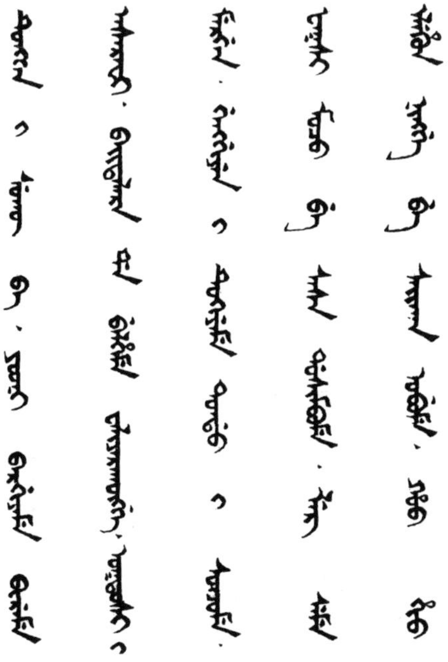

第 17 页

第 18 页

第 19 页

ᠪᠤᠯᠤᠭᠰᠠᠨ᠂ ᠬᠠᠷᠢᠶᠠᠲᠤ ᠶᠢᠨ ᠭᠠᠵᠠᠷ ᠂ ᠡᠳᠦᠷ ᠦᠨ

第 20 页

第 21 页

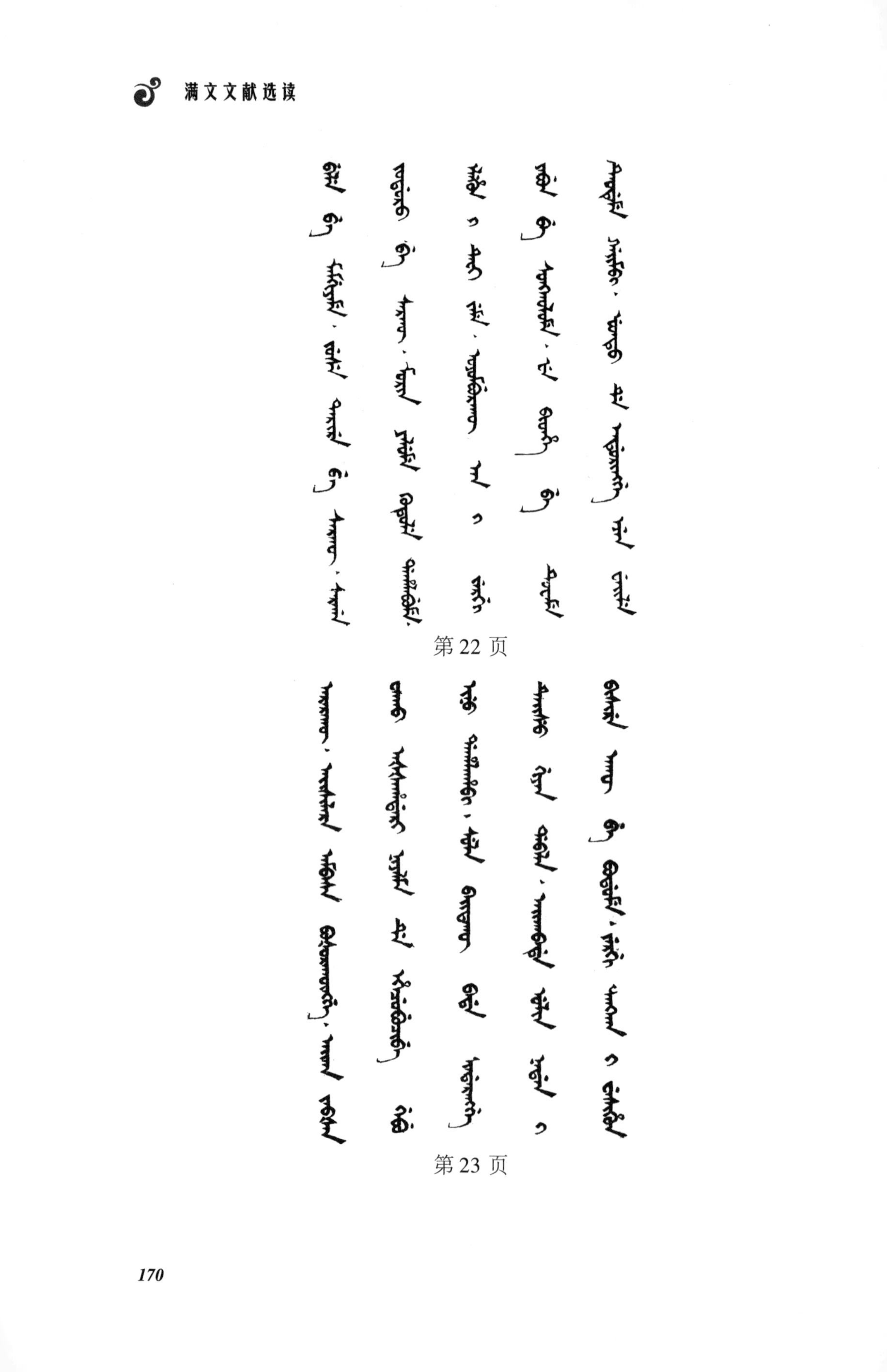

第 22 页

第 23 页

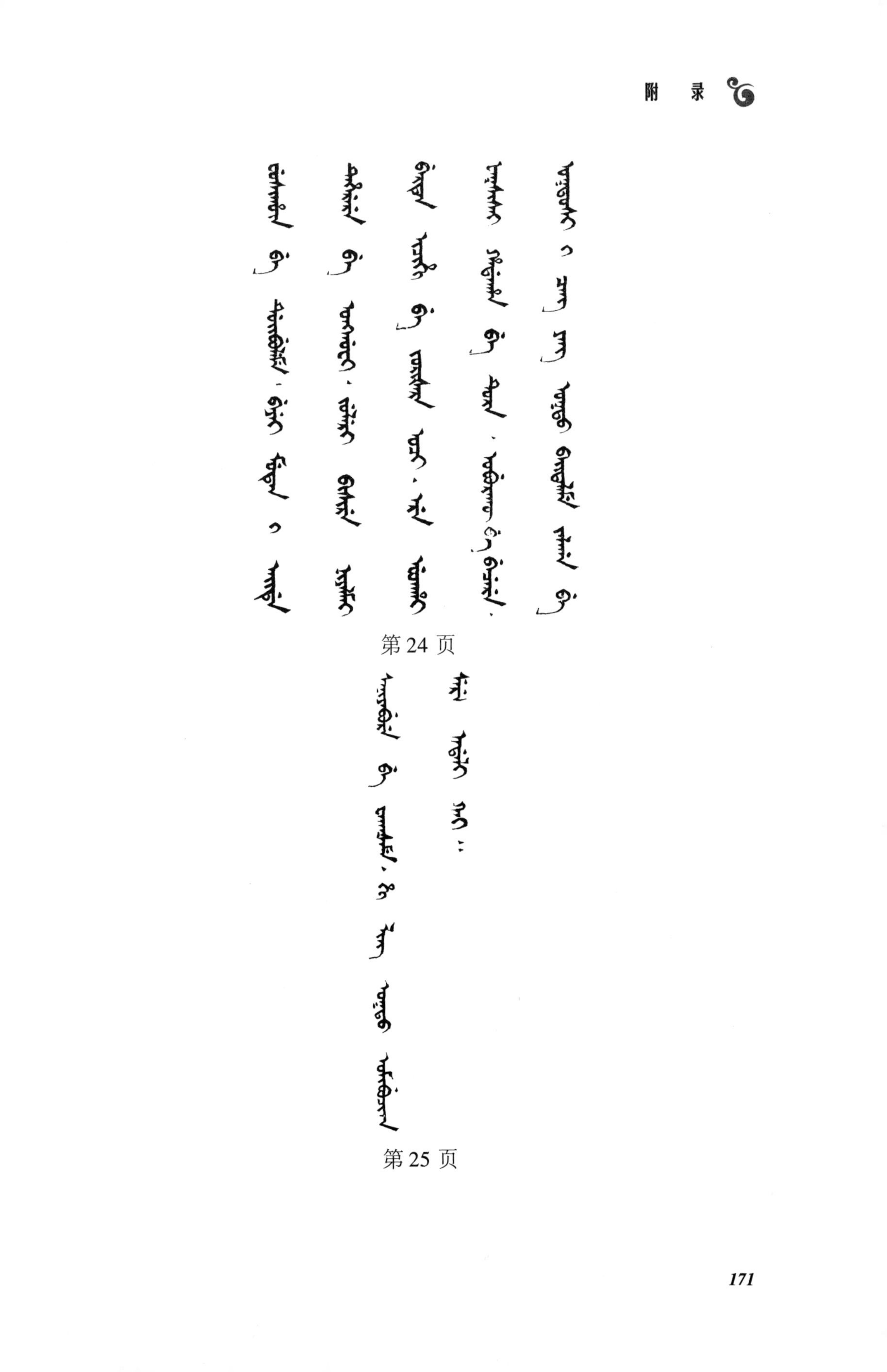

第 24 页

第 25 页

【汉文原文】

国子先生晨入太学，招诸生立馆下，诲之曰：业精于勤荒于嬉，行成于思毁于随。方今圣贤相逢，治具毕张。拔去凶邪，登崇畯良。占小善者率以录，名一艺者无不庸。爬罗剔抉，刮垢磨光。盖有幸而获选，孰云多而不扬？诸生业患不能精，无患有司之不明；行患不能成，无患有司之不公。

言未既，有笑于列者曰："先生欺余哉！弟子事先生于兹有年矣。先生口不绝吟于六艺之文，手不停披于百家之编。记事者必提其要，纂言者必钩其玄。贪多务得，细大不捐。焚膏油以继晷，恒兀兀以穷年。先生之业可谓勤矣。觝排异端，攘斥佛老。补苴罅漏，张皇幽眇。寻坠绪之茫茫，独旁搜而远绍。障百川而东之，回狂澜于既倒。

"先生之于儒，可谓有劳矣。沉浸醲郁，含英咀华，作为文章，其书满家。上规姚姒，浑浑无涯。周诰殷盘，佶屈聱牙。春秋谨严，左氏浮夸。易奇而法，诗正而葩。下逮庄骚，太史所录。子云相如同工异曲。

"先生之于文，可谓闳其中而肆其外矣。少始知学，勇于敢为。长通于方，左右具宜。

"先生之于为人，可谓成矣。然而公不见信于人，私不见助于友。跋前疐后，动辄得咎。暂为御史，遂窜南夷。三年博士，冗不见治。命与仇谋，取败几时。冬暖而儿号寒，年丰而妻啼饥。头童齿豁，竟死何裨。不知虑此，而反教人为。"

先生曰："吁，子来前！夫大木为杗，细木为桷，欂栌侏儒，椳闑扂楔，各得其宜，施以成室者，匠氏之工也。玉札丹砂，赤箭青芝，牛溲马勃，败鼓之皮，俱收并蓄，待用无遗者，医师之良也。登明选公，杂进巧拙，纡馀为妍，卓荦为杰，校短量长，惟器是适者，宰相之方也。

"昔者孟轲好辩，孔道以明，辙环天下，卒老于行。荀卿守正，大论是弘，逃谗于楚，废死兰陵。是二儒者，吐辞为经，举足为法，绝类离伦，优入圣域，其遇于世何如也？

"今先生学虽勤而不繇其统，言虽多而不要其中，文虽奇而不济于用，行虽修而不显于众。犹且月费俸钱，岁靡廪粟，子不知耕，妇不知织，乘马从徒，安坐而食。踵常途之役役，窥陈编以盗窃。

"然而圣主不加诛，宰臣不见斥，兹非其幸欤？动而得谤，名亦随之。投闲置散，乃分之宜。若夫商财贿之有亡，计班资之崇卑，忘己量之所称，指前人之瑕疵，是所谓诘匠氏之不以杙为楹，而訾医师以昌阳引年，欲进其狶苓也。"

【说明】

选自《翻译古文》卷八，咸丰元年刻本。

后　　记

　　编写这本教材，旨在帮助有相关学术背景和需求的研习者读懂满文，进而发现满文文献中蕴含的文化宝藏。从内容上，本书选取现存最早的满文文献选段、描述满族起源及满文创制过程的重要篇章、简短而有重要意义的清代档案选段、经典的满汉合璧古文等，为研习者打开多扇通往相关研究的大门。从形式上，本书将满文原文转写成国际通用的符号，辅以汉文，三者对照，而把对译的任务留给学生和课堂，这样更有助于初学者尽快熟悉并完成文字的转换。

　　感谢中国社会科学院大学资助该成果出版，并提供满学研究的高端平台，为满学研究的未来培养人才。感谢主编对我的信任和支持，使我能有幸为该项研究事业再尽绵薄之力！感谢中国社会科学出版社各位编辑优质的工作，使这部内容复杂、排版特殊的书，能够在有限的时间内圆满出版。

　　由于时间、各方面条件和本人水平的限制，书中或许还有不少可以进一步改进之处，希望大家提出宝贵批评意见。学已开篇，后继有人，任重而道远。

江　桥

2024 年秋